Die sonderbare Welt des Seglers Gustaf
Wolfgang J. Krauss

Wolfgang J. Krauss

Die sonderbare Welt des Seglers GUSTAF

Delius Klasing Verlag

ISBN 3-7688-0014-8

10. Auflage

Zeichnungen: Kurt Schmischke
Copyrigth by Delius, Klasing & Co, Bielefeld
Printed in Germany 1986
Gesamtherstellung: Wilhelm Röck, Weinsberg

Inhalt

Osterspaziergang	7
Die Hyäne	10
Op Schiet	14
Fachgespräch	18
Der Pfahl	21
Nocturno	26
Psychologie des Daumens	31
Pädagogische Lektion	38
Petri Heil	41
Die Tolltang	48
Leitbilder	52
Die Regatta	55
Heißes Wochenende	63
Kampf mit den Wellen	68
Der schäumende Mund	72
Die motorischen Kräfte	75
Heimlichkeiten	82
Liebe Gäste	85
Stille Nacht	91

Eine Übersicht über alle bisher erschienenen GUSTAF-Bücher finden Sie im Verlagshinweis auf Seite 96.

Vorwort

GUSTAFS Geschichten sind wahre Geschichten.

Wer die Segler kennt, der weiß, wie viele
liebenswerte GUSTAFS es gibt — auch wenn
sie anders heißen. Und wie das, was sie
erleben, dem gleicht, das von GUSTAF berichtet wird.

Deshalb sind GUSTAFS Geschichten wahr
— wahrer und wirklicher, als wären sie
nur ihm widerfahren. Drum hat auch die
sehr auf Tatsachen bedachte YACHT,
Deutschlands größte Seglerzeitschrift, GU-
STAFS Erlebnisse abgedruckt.

Aus diesen YACHT-Geschichten haben wir
einen Jahresablauf herausgegriffen und in
Buchdeckel gebunden. Denen, die GUSTAF
noch nicht kennen, als erste Begrüßung.
Und denen, die ihn lieben, als ein Anden-
ken, das sie in das Bücherfach ihrer SIND-
BAD (oder wie immer ihr Schiff heißen
möge) stellen können.

Der Verlag

Osterspaziergang

Julchen bohrte die Zeigefinger in die Ohren und leierte vor sich hin: „Vom Eise befreit sind Strom und Bäche, sind Strom und Bäche, sind Strom und Bäche ... Mensch, Vati, jetzt hast du mich wieder aus dem Text gebracht. Hör doch endlich auf mit dem Krach!"
Gustaf setzte die Ziehklinge ab, mit der er auf dem Eßtisch kreischend die Niedergangskappe seiner SINDBAD bearbeitete — sehr zum Ärger Friedas, die solche Werkstattarbeit in der Wohnung partout nicht schätzte.
„Was?" fragte er sein Töchting.
„Aufhören sollst du!"
„Warum denn?"
„Na, weil ich das dämliche Gedicht sonst nicht lernen kann."
Gustaf schüttelte den Kopf: „Was is'n das überhaupt?"
„Och — so was olles von Goethe."
„Was die Kinder heutzutage nicht alles lernen. Goethe — so'n Quatsch!"
„Vati ... "
„Du sollst lernen!"
„Gehst du Ostern mit Mammi und mir spazieren?"
Gustaf zuckte zusammen, aber da schaltete sich Frieda schon ein. Typisch, wie die Weiber bei so etwas immer zusammenhielten.
„Ach ja, Gustaf", sagte sie, „laß uns dieses Ostern doch mal wie andere Leute feiern. Schön zusammen frühstücken, mit bunten Eiern und so, und dann im Wald spazierengehen."
„Kommt nicht in Frage", sagte Gustaf, „entweder ist gutes Wetter, dann streichen wir die SINDBAD an. Oder es regnet, dann schleifen wir zu Hause die Grätings."
Schnüff, schnüff — Julchen zog eine Schnute. „Alle Väter gehen mit ihren Kindern spazieren. Nur wir müssen immer dein olles Boot anpinseln."
„Werde nicht frech", sagte Gustaf, um die väterliche Autorität unmißverständlich

7

wiederherzustellen. Frieda kniff die Lippen zusammen. Julchen maulte. Vati war wirklich ein Tyrann.

*

Der Ostersonnabend sah die Familie emsig Farbe schleifen. Julchen mittels Sandpapier und Korken das Unterwasserschiff, Frieda mit der Schleifmaschine oberhalb des Wasserpasses. Der Schipper stand breitbeinig an Deck und beaufsichtigte die Arbeit. Es war ein Ostern wie alle Ostern, derer sie sich entsinnen konnten: naßkalt, zugig und von bedrückender Ungemütlichkeit. Nur Gustaf fand es schön. Es war ein Osterfest nach seinem Geschmack. Julchen rieb sich die klammen Finger und schimpfte vor sich hin. Oller Mist! Wenn es bloß regnen möchte! Oder schneien! Dann brauchte man hier nicht im Freien wie ein Sklave zu schuften. Dieser eklige Kahn verdarb einem mal wieder das ganze Fest.

Frieda machte einen Vorschlag: „Vater, laß uns doch morgen, am Ostersonntag, zu Hause bleiben. Dafür können wir doch am zweiten Feiertag weiterarbeiten." Doch Gustaf war unerbittlich. „Nur wenn's regnet", erklärte er kategorisch. Ihm kam es jetzt auf jeden Tag an. Was hieß hier „Sonntag"? Für die Segler waren Sonntage Arbeitstage. Zumal um diese Jahreszeit.

Am nächsten Tag schien die Sonne. Der Nordost war kalt, aber trocken. Leider!

So zog die Karawane also nach einem hastig eingenommenen Osterfrühstück wieder zur SINDBAD, angetrieben von einem hektischen Kapitän, der keine Stunde versäumen wollte.

Da die Farbe in der Kälte steif wie Pudding war, setzte Gustaf den Primus in Gang, um sie im Wasserbad zu erwärmen.

Dann heizte er, während Frieda und Julchen mit schmerzenden Handgelenken den Pudding möglichst gleichmäßig auf die Planken verteilten, die Außenhaut mit der Lötlampe an.

Natürlich war es Quatsch, was Gustaf da trieb. Aber er war in solchen Sachen (und nicht nur in solchen) eigensinnig wie ein Maulesel.

Gustaf merkte, daß die Farbe dick und zäh schmierte und die Kraft der Frauensleute nicht ausreichte, sie ordnungsgemäß zu verstreichen. Deshalb griff er, als sein lautes Schimpfen und Kommandieren die Frauen nur mucksch werden ließ, selbst zum Pinsel. Dabei brummte er unschöne Vokabeln vor sich hin. Alles mußte man selber machen! Zu nichts, aber auch zu rein gar nichts waren diese Weiber nütze.

Als er sein innerliches Geschimpfe für eine Weile unterbrach, um nach Luft zu schnappen, sah er, wie eine dunkelblaue Wolke sich über den Rand der Sonne schob. Wenige Augenblicke später pladderten dicke Tropfen auf das Gemalene, welches plötzlich seine steife Konsistenz verlor und in streifigen Rinnsalen über den Bauch der SINDBAD nach unten strebte, wobei das Weiß von oben mit dem Rot von unten ein possierliches Batikmuster erzeugte.

„Das haste nun davon", sabbelte Julchen verwegen.

„Juliane!", rief Frieda sie warnend zur Ordnung. Aber da hatte Gustaf seinem Töchting schon eine geklebt, die nicht von schlechten Eltern war. Julchen brüllte wie am Spieß, Frieda preßte mit beschützender Gebärde Julchens Kopf an ihren mütterlichen Busen und spie feurige Lohe gegen das ungehobelte Mannsbild von Kapitän:

„So ein Rabenvater! Du versündigst dich ja gegen das dritte Gebot! Ausgerechnet am Ostersonntag! Schämst du dich denn gar nicht?"

Von fern klangen Osterglocken über die Förde, und Gustaf schämte sich. „Na ja", sagte er einlenkend, „vielleicht können wir ja morgen mal zusammen zum Bülker Leuchtturm rauswandern."

Aber dazu kam es nicht. Am Ostermontag regnete es Strippen. Und Frieda und Julchen schliffen SINDBADS Grätings, während der Kapitän einen schwarz angelaufenen Lukendeckel mit der Ziehklinge bearbeitete. Dabei spielte ein zufriedenes Lächeln um seine Züge.

9

Gustaf hält viel von Hygiene. Sogar an Bord und besonders bei anderen liebt er den Duft von Sauberkeit und Frische.
„Hyäne mutt sien", sagt er, und er fügt mit einem verklärten Augenaufschlag hinzu, „von wegen dem gesunden Geist, der in einem gewaschenen Körper innewohnt."
Das Resultat dieser tiefschürfenden Betrachtung ist, daß er Julchen noch vor dem Frühstück im Badeanzug unter die Hafenpumpe scheucht und die verschlafen in der Kombüse hantierende Frieda stirnrunzelnd fragt, ob er ihr Wasser zum Zähneputzen eingießen soll.
Es ist klar, daß die „Hyäne" sich nicht nur auf die Mannschaft erstreckt. Auch die brave SINDBAD hat sich diesem Kult zu unterwerfen. Das fängt gleich nach der Morgenzigarre an: Julchen muß das Deck waschen und Frieda die Pantry aufklaren. Die Schlafsäcke müssen gelüftet und die Decken ausgeklopft werden. Es gibt für Gustaf viel zu kommandieren und zu befehlen. Und da ein Befehl nur dann Sinn hat, wenn man seine Ausführung überwacht, gibt es für ihn auch viel zu überwachen.
So geht der Sonntagvormittag dahin: Frieda und Julchen widmen sich der „Hyäne" — der Schiffer überwacht das Gan-

ze. Erst um 11.00 Uhr kehrt auf dem Schiff die Sonntagsruhe ein. Frieda, Julchen und SINDBAD glänzen gewaschen, poliert und voll feiertäglicher Erwartung in der Morgensonne.
Gustaf sitzt noch immer im olivfarbenen Unterhemd im Cockpit. (Der brave Mann denkt an sich selbst zuletzt.) Seitdem er um 09.00 Uhr einen Kognak (gegen den schlechten Geschmack im Mund) hinter die Binde gegossen hat, ist er vor lauter Aufpassen zu nichts mehr gekommen.
Julchen schielt zu ihrem Käptn hinüber. „Vati, hast du dich denn eigentlich schon gewaschen?"
Gustaf ist entrüstet. Wie dreist die Jugend heutzutage ist! Das hätte er sich mal bei seinem Erzeuger erlauben sollen! „Wann denn", knurrt er zurück, „ierst kümmt dat Schipp, un dann de Schipper."
Aber schon mischt sich Frieda ein: „Ganz recht hat das Kind. Es ist eine Schande, wie du rumläufst. Nicht mal rasiert bist du am Sonntagmorgen."
Auweh! Gustaf hört nur das Wort „rasiert", und schon ist seine gute Sonntagslaune endgültig verflogen. „Immer diese Hetze", brummt er gereizt, und er sieht sich im Hafen um, auf welchem Boot er schnell zu einem Klönschnack verschwinden kann, um dieser peinlichen Wendung des Gesprächs zu entgehen. Aber Heini ist schon ausgelaufen, Fiete badet gerade am Strand (dieser Idiot, alles Angabe!), und Waldemar, der sonst um diese Zeit immer im Schatten der Sonnenpersenning sein Pilsener trinkt, grabbelt gerade mit schwarzen Pfoten in der Motorbilge seines Stinkeimers herum. Keine Schangs.

Gustaf greift nervös zur Zigarrenkiste. Immer diese schwierigen Entscheidungen! Aber da fällt ihm ein, wie er die Aufmerksamkeit seiner Mannschaft von sich ablenken kann.
„Mudder, wat gifft dat hüt tom Meddag?"
Aha, der Schlauberger! Er kennt die Frauen.
„Du lieber Himmel, gleich halb zwölf!"
Frieda reagiert wie erwartet. „Julchen, komm, Kartoffeln schälen. Und du, Gustaf, holst mir von der Ecke eine Büchse Apfelmus. Ich mach euch Kartoffelpfannkuchen."
Gustaf langt sich seinen blauen Isländer aus dem Schwalbennest und streift ihn über den Kopf, denn er legt — wenigstens an Land — Wert auf „vollständige" Bekleidung. Dann schleicht er sich fröhlichen Herzens von Bord. Einkaufen ist sonst nicht seine Sache (ehrlich gesagt, er empfindet es als etwas entwürdigend), aber jetzt kommt ihm dieser Auftrag sehr gelegen. Nur um schnell wegzukommen, vergißt er sogar, sich von Frieda das Geld für das Apfelmus mitgeben zu lassen.
Er muß es wirklich sehr eilig haben! Aber seine Eile legt sich, sobald er das erste Bein an Land hat. Er beguckt im Vorbeigehen die Schiffe, wirft einen Blick zu den Fischersleuten hinüber, die unter den Bäumen ihre Netze flicken, klönt ein wenig mit dem Hafenschaut und braucht fast eine halbe Stunde, bis er mit dem Appelzeugs wieder an Bord erscheint.
Frieda wartet schon auf ihn. Batsch — mit einem Knall feuert sie den dampfenden Fleutpott auf das Brückendeck. „Hier, heißes Wasser zum Rasieren. Aber mach

ein bißchen schnell, gleich gibt's Mittag."
Was tut ein Mann, der sich dergestalt
überrumpelt sieht? Er kratzt sich zunächst
einmal am stacheligen Kinn. Dann denkt
er nach, ob nicht doch eins seiner liebevoll gepflegten Prinzipien herhalten kann,
um sich vor dem Rasieren zu drücken.
(Auf See rasiert sich ein Segler nie, denn
das bringt schlechtes Wetter. Vor dem
Auslaufen tut er's nicht, um die Götter
nicht zu reizen. Aber auch freitags soll es
ein böses Omen bedeuten — ganz zu
schweigen von dem unmöglichen Fauxpas,
sich den Bart gar bei Regen und Sturm
zu schaben, denn das würde Rasmus nur
noch mehr erzürnen.)
Aber jetzt ist Sonntag, und Gustaf ist
weder auf See noch hat er die Absicht,
bald auszulaufen. Und regnen und stürmen tut es auch nicht, sondern die Sonne
scheint, und alles um ihn herum atmet
nichts als friedliche Stille. Düwel ok —
seine Hand gleitet aufwärts, und er kratzt
sich grübelnd am Kopf, was gar nicht so
einfach ist, da ihn seine Schippermütz an
diesem Tun hindert.
Frieda kennt diese Verlegenheitsgesten bei
ihrem Gustaf. Sie wirft ihm ein Handtuch
zu und reicht einen Spiegel nach draußen.
„Sieh dich bloß mal an. Schämst du dich

gar nicht vor dem Kind, am Sonntag soo herumzulaufen?"
Schämen? Darüber hat Gustaf noch gar nicht nachgedacht. Aber er weicht der Gewalt, denn der Haussegen wackelt bereits bedenklich, und Gustaf ist ein friedliebender Mensch.
Er holt tief Luft (was ihm, wie er meint, einen gequälten Ausdruck verleiht), stopft sich eine Part des Handtuchs von oben in den Rollkragen seines Pullovers, braßt die Mütze auf halb neun und schiebt den erloschenen Stummel seiner Zigarre in den rechten Mundwinkel. Dann blickt er in den Spiegel und betrachtet den stachelbewehrten Kaktuskopf, der ihm aus dem Zelluloidrahmen entgegenleuchtet.
Julchen liegt bäuchlings auf dem Kajütdach. Sie stützt den Kopf in die angewinkelten Hände und beobachtet mit neugieriger Gelassenheit das seltsame Präludium ihres Kapitäns.
Doch Gustaf achtet nicht auf das, was um ihn herum vorgeht. Er greift zum Pinsel und seift sich ein. Mit großer Vorsicht setzt er den Wasserpaß am Hals — einen Zentimeter über der Handtuchkante — ab, spart im Bogen die Partie aus, wo der Zigarrenstummel wie ein Auspuff aus dem Kopf ragt und läßt besondere Vorsicht dort walten, wo der Rand der Mütze die Anstricharbeiten nach oben begrenzt.
Dann greift er zum Rasierapparat und beginnt mit zügigem Schaben die sichtbaren Teile seines Kaktusses ihres wärmenden Filzes zu entkleiden.
Julchen ist platt. So etwas hat sie noch nie zuvor gesehen. Sie verfolgt jede Bewegung des Schippers mit weit aufgerissenen Augen und weiß nicht, ob sie seinem Erfindungsreichtum Bewunderung zollen soll oder Spott. Sie entschließt sich für die Bewunderung, denn sie ist ja noch ein Kind und zudem Gustafs Tochter.
Gustaf hat derweilen mit dem Handtuch die Seifenreste aus seinem Gesicht entfernt. Er fingert jetzt das Fläschchen mit Lotion aus seinem Kulturbeutel, um mit ein paar Spritzern dieses belebenden Odeurs das herrliche Gefühl von Sauberkeit und Frische auch auf seine Mitwelt zu übertragen. Aber irgend etwas fehlt ihm noch. Er sieht sich prüfend im Kreis um. Was sucht er wohl? Ob es etwas ist, das mit der „Hyäne" zusammenhängt?
Da entdeckt er Julchen. „Jule", sagt er, „lang mi mol fix dem Kömbuddel rut!"
„Doch nicht mehr vor dem Essen!" meldet sich Frieda programmgemäß; aber Julchen ist flinker als die Mutter. Sie hat Vater „dem Buddel" schon zugereicht.
Gustaf setzt an und zieht einen Streifen Dreistern zwischen die Zähne. Dann legt er den Kopf hintenüber, schließt die Augen und gurgelt sinnig mit offenem Mund und erheblicher Geräuschentwicklung: Arrrrorrrrurrr! Wat mutt — mutt.
Während dieser desinfizierenden Prozedur überlegt er, ob er den guten Stoff runterschlucken oder ausspucken soll. Da er heute seinen „vornehmen Tag" hat, entschließt er sich zu letzterem. Dann schüttelt er sich pflichtgemäß, schiebt die Mütze gerade, streicht sich mit der Linken über das glatte Kinn, sieht — nicht ganz ohne Stolz — sein Töchting an und sagt mit pastoraler Eindringlichkeit: „Nix geiht öber de Hyäne!"

13

Op Schiet

Es ist Nacht. SINDBAD steuert Orth auf Fehmarn an. Der NNO steht gegenan, und Gustaf muß in die schmale Rinne hineinkreuzen. Das weiße Oberfeuer des Hafens ist klar auszumachen, aber das rote Unterfeuer fehlt. Solange Gustaf die beiden Feuer nicht in Peilung hat, kann er nicht einlaufen, denn zu beiden Seiten der Rinne liegen flache Sände. So kreuzt er hin und her und flucht, weil das dämliche Unterfeuer von der Nacht reineweg verschluckt ist.
Rrrrums... rrrums... rrrums... da schrammt SINDBADs Kiel auf Backbordbug den Breiten Barg. Großschot dicht, Fock los und den Pekhaken raus. Während Frieda am Ruder zittert, drückt Gustaf SINDBADs Nase Hand über Hand durch den Wind. Dann holt er die Fock back und hängt sich ins Want, um den Kahn von der Untiefe freizukrängen. SINDBAD macht eine Verbeugung — und ab geht die Post auf Gegenkurs.

Knapp zwei Minuten später peilt Orth querab. Verdammt! Das weiße Oberfeuer leuchtet hell und klar, aber die rote Funzel will und will nicht herauskommen. Gustaf kann die einzelnen Hafenlaternen auf der Pier genau ausmachen, und er erkennt auch den angestrahlten Silo, der rasch nach links aus der Peilung wandert. Als der Schipper sich gerade entschließt, auf das Unterfeuer zu verzichten und Einlaufkurs auf den Silo zu nehmen, macht es wieder rrrums... rrrums... rrrums. Gustaf ist an der Hafeneinfahrt vorbeigesegelt. Er hat die SINDBAD jetzt auf der anderen Seite der Rinne auf Dreck gesetzt.
Frieda keift: „Hättste mich doch lieber .." Julchen heult, Gustaf flucht ordinär — an Bord herrscht der „totale Zustand". SINDBAD sitzt hoch und trocken auf dem Hohen Grund. Sie steht wie ein Leuchtturm in der Brandung, und das glimmerige Brackwasser der Bucht gluckert und kab-

belt um sie herum. Vom fernen Gestade klingt aus dem Twistschuppen Blechmusik zu ihnen herüber, und die Lampinjongs vor Fred Jarks Seglerheim senden einen sinnigen Gruß.

Während der Schipper überlegt, welches Manöver jetzt das am wenigsten sinnlose ist, bewegt sich auf einmal ein Schatten im Hafen, verdeckt kurz das Oberfeuer, gleitet daran vorbei, und ... und dann kommt auch mit einmal das so lange vermißte rote Unterfeuer schön klar und deutlich heraus. Allerdings jetzt erst, wo es zu spät ist. Offenbar hat eine Yacht mit gesetztem Segel quer in der Hafenrinne gelegen und mit ihren Plünnen das Feuer verdeckt.

Guter Rat ist nun teuer; Bootshakenmanöver, Krängen, Aussteigen, alles, alles erweist sich als vergebens. SINDBAD sitzt im harten Sand und schiebt sich mit jeder kurzen See einige Zentimeter weiter auf die Untiefe, bis sich der Kiel ein richtiges Bett gegraben hat und der Pott mit 30 Grad Schlagseite *rocher de bronce* spielt. Gustaf versucht jetzt voller Optimismus und mit viel List, einem in der Nähe vorbeituckernden Fischer durch Tut- und Pfeifensignale seine Seenotlage klarzumachen. Doch dem sind fette Makrelen anscheinend wichtiger als magere Dankeschöns. Er kennt seine Segler. Vielleicht weiß er auch, daß sie sowieso nicht weg können, und er will sich die sichere Prise bis zum Morgengrauen aufsparen. Was kann man tun? Sie gehen also in die Horizontale (oder besser Diagonale) und versuchen, ein Auge voll Schlaf zu bekommen. Frieda und Julchen unter Deck

— Gustaf, als Redakteur vom Nachtdienst, im Cockpit. Das Wasser gluckst und rauscht. Das Schiff bewegt sich in jeder der kurzen Seen mit weichen Stößen, so daß keine Gefahr besteht, solange das Wetter ruhig bleibt.

Um zwei Uhr wacht Gustaf auf, als die Blechmusik an Land den Rausschmeißer spielt: „Guten Abend, gute Nacht, von Englein bewacht ..." Welche Ironie! Um drei Uhr löscht Fred Jark seine Lampinjongs. Dann wird es schummrig, die Möwen schreien, es riecht nach Tang und Land, der Wind ist eingeschlafen, und Gustaf fühlt sich so behaglich, wie man sich am Morgen eines strahlenden Sonntags an Bord einer gestrandeten Yacht überhaupt nur fühlen kann.

Fischerboote laufen ein. Fischerboote laufen aus. Von dem Havaristen nimmt niemand Notiz, obwohl er nur knapp 500 Meter von der Fahrrinne entfernt liegt. Frieda, die sich bisher mit Kritik sehr zurückgehalten hat, meint, während sie eine mächtige Mugg dampfenden Kaffees auf die Gräting stellt: „Hier werden wir wohl lange liegen!"

Gustaf antwortet nicht. Was soll er darauf auch sagen? Er trinkt lieber in Ruhe seinen Kaffee. Um acht Uhr packt ihn dann aber der Zorn: Die Einfahrt liegt jetzt so schön klar vor ihm, daß nur ein ausgemachter Esel daran vorbeischippern konnte. Im Hafen singt jemand. Die ersten Segler werden wach.

Gustaf reißt die Geduld, und er heißt ein großes weißes Bettlaken als SOS-Signal im Mast. Das müßten sie an Land doch bestimmt sehen! Und richtig, ein kleines

16

Yachtdingi kommt mit einmal auf ihn zu, von einem dicken Mann gerudert. Als er längsseit ist, erkennt Gustaf ihn: Es ist der olle Käptn Svensson, Berufsseemann und seit seiner Pensionierung begeisterter Seesegler. Seine komische, altmodische Yawl hatte er oft auf dem Revier getroffen.

„Was macht ihr denn da?" fragt Svensson sinnig. „Paßt auf, ich bringe euch gleich runter!"

Er bindet sein Beiboot an die Nock von SINDBADS ausgefiertem Großbaum, zurrt es mit Vor- und Achterleine schön fest, hängt sich dann mit seinen zweieinhalb Zentnern bäuchlings über den Baum und gibt mit seinen riesengroßen Quanten, die in herrlichen, karierten Filzpantoffeln stecken, dem Moses einen kräftigen Tritt, so daß er schwappend voll Wasser läuft. „Setz durch die Dirk!" röhrt er dann.

Gustaf, Frieda und Julchen reißen mit vereinten Kräften an dem dünnen Ende und erreichen, daß die Schlagseite sich von 30 Grad auf 45 Grad erhöht. Aber SINDBAD sitzt eisern fest und rückt und rührt sich nicht.

„Mi warr die Luft all knapp", sagt der wie zum Trocknen über dem Baum aufgehängte Svensson. Er ist immerhin über Siebzig und seine Lage alles andere als bequem. Zurück ins Beiboot kann er nicht, denn der Moses ist voll Wasser. Und den Großbaum dichtholen geht auch nicht, weil das untergetauchte Beiboot daran hängt und alle Bemühungen vereitelt.

Da sehen sie einen kräftigen Fischkutter mit Braßfahrt auf sich zudampfen. Der Kutter gibt eine dicke Schlepptrosse über. Gustaf belegt sie an SINDBADs Mast. Dann hängen die Frauen sich ins Leewant, während der Schipper zu Svensson auf den Großbaum klettert. Wenn jetzt die Dirk bricht! Das würde eine tolle Wasserpantomime geben. Komischerweise tut sie es nicht und hält.

In diesem Augenblick dampft der Kutter mit voller Tourenzahl ein. Das Grundwasser quirlt gelb auf und schäumt Sand, Seegras und einen toten Fisch an die Oberfläche. SINDBAD legt sich noch mehr auf die Seite. Käptn Svenssons Filzpantinen stippen bereits ins Wasser. Die Yacht nimmt langsam Fahrt auf und rutscht mit atemberaubender Krängung über einige harte Sandbänke.

„Ick kann nich mehr", tönt es vom überbelasteten Großbaum, und es folgt der Schrei: „Hol dicht die Schot!"

Svenssons Beine hängen bis zu den Knien im Bach. Ein Pantoffel schwimmt kieloben achteraus.

Aber Schot dichtholen ist leichter gesagt als getan. Der vollgetauchte Moses verhindert als gigantischer Seeanker jede Bemühung, den Baum wieder in die Gewalt zu bekommen. Svensson schimpft wie ein Fischweib.

Doch dann ist es geschafft. Die letzte Bodenwelle wird überrollt, und im freien Wasser kommt alles wieder an Bord. Auch der aufgehängte Svensson. Gustaf holt das weiße SOS-Signal nieder, die Kommandeuse kriegt ihr Bettlaken wieder und Svensson seinen randvollen Moses. Nur der Filzlatschen ist ausgestiegen. Die See hat ihr Opfer gefordert und erhalten.

17

Fachgespräch

Gustaf hat die große Spreizgaffelketsch draußen vor der Einfahrt schon eine Weile herumkreuzen sehen und den Kopf geschüttelt: ein *wishbone*-Rigg*, was für'n Quatsch! — Jetzt hat sie im Yachthafen neben ihm festgemacht.
Die Ketsch hat einen halben Meter mehr Freibord als SINDBAD, und Gustaf eilt giftig an Deck, weil er Angst hat, daß die riesigen Plastikfender des Nachbarn seine Seereling belämmern könnten.
Aber der Nachbar ist einer von der friedlichen Sorte. Ein dicker Skipper mit weißer Mütze, an der fett vergoldet das Emblem eines piekfeinen Yachtclubs prangt, gibt seinem Bootsmann Weisung, die Fender tieferzuhängen. Er beugt sich zu Gustaf runter, stützt einen Arm auf die verchromte Heckkanzel und sagt jovial:
„Na, wir werden uns ja wohl vertragen."
Gustaf ärgert sich über den goldenen Stern, der das Bordjackett des auswärtigen Skippers auf dem Unterarm ziert (so'n Affenkrom, wat sall dat) und antwortet gereizt:
„An meiner Wenigkeit soll es nicht liegen."

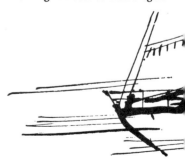

---

* *wishbone* (Wunschknochen) = englische Bezeichnung für die Spreizgaffel wegen ihrer Ähnlichkeit mit dem gabelförmigen Knochen am Brustbein des Huhns, der von zwei Tischnachbarn auseinandergebrochen wird. Wer das größere Stück in der Hand behält, darf sich etwas wünschen, daher „Wunschknochen".

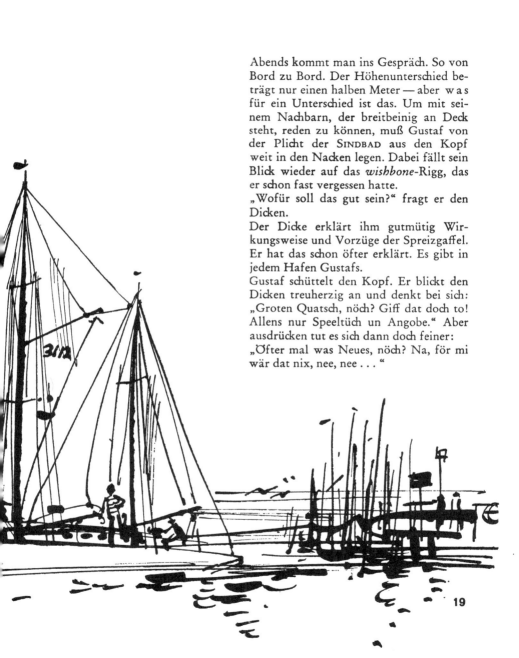

Abends kommt man ins Gespräch. So von Bord zu Bord. Der Höhenunterschied beträgt nur einen halben Meter — aber w a s für ein Unterschied ist das. Um mit seinem Nachbarn, der breitbeinig an Deck steht, reden zu können, muß Gustaf von der Plicht der SINDBAD aus den Kopf weit in den Nacken legen. Dabei fällt sein Blick wieder auf das *wishbone*-Rigg, das er schon fast vergessen hatte.
„Wofür soll das gut sein?" fragt er den Dicken.
Der Dicke erklärt ihm gutmütig Wirkungsweise und Vorzüge der Spreizgaffel. Er hat das schon öfter erklärt. Es gibt in jedem Hafen Gustafs.
Gustaf schüttelt den Kopf. Er blickt den Dicken treuherzig an und denkt bei sich: „Groten Quatsch, nöch? Giff dat doch to! Allens nur Speeltüch un Angobe." Aber ausdrücken tut es sich dann doch feiner:
„Öfter mal was Neues, nöch? Na, för mi wär dat nix, nee, nee ... "

„Warum nicht?" will de Dicke wissen. Er hat Gustaf die Vorteile seines Riggs doch gerade eben überzeugend dargelegt. „Och, Mönsch — goh mi aff mit den neumodschen Kram. Wenn dat mal richtig wehen tut, dann kommt der ganze Zadder ja doch von oben."
Der Dicke zeigt ihm die stabilen V2A-Beschläge, an denen die Spreizgaffel hängt, und sagt ihm auch, welche deutsche Werft so etwas zuverlässig baut.
„Gar nicht teuer", fügt er hinzu.
Gustaf ist noch bei seiner letzten Bemerkung. Er schaltet etwas langsamer als der Dicke. „Na, und denn der Ruck im Besantopp bei jeder Halse. Und überhaupt..."
„Nun, da muß man eben ein wenig aufpassen", sagt der Dicke, aber bisher sei ihnen nie etwas kaputtgegangen, und sie hätten das Rigg doch schon drei Jahre.
„Nee", sagt Gustaf bestimmt und zur äußersten Ablehnung entschlossen, „dat's nix för unsereins. Veel to kompliziert und düer. V i e l z u t e u e r !" Er akzentuiert die letzten Worte, damit der dicke Nachbar (ok so'n Hochdütschen) ihn genau versteht.
Der lacht. Nun ja — ein paar Märkchen muß man für so etwas schon anlegen. Aber wenn man dafür bei rauher See vier Strich am Wind anliegen kann und dabei noch acht Knoten macht, dann freut man sich doch.

„Na, na ... " Gustaf tritt vorsichtig auf die Bremse.
Doch der Dicke verteidigt seine acht Knoten mit staunenswerter Verve. Gustaf wirft einen langen Blick auf die breite, behäbige SINDBAD und denkt an die letzte Kreuz über den Stollergrund. „Rauhe See" stimmte. Aber alles andere...?

Am nächsten Morgen sitzt Gustaf im Büro vor einer unaufschiebbaren Arbeit. Er ist so in sie vertieft, daß er sogar das Klingeln zur Frühstückspause überhört. Auf einem weißen Blatt Papier entsteht — getarnt hinter einem gewaltigen Aktenstoß — der dicke Norweger-Rumpf seiner SINDBAD, den er so gut kennt, daß er ihn im Dunkeln malen könnte. Während der Mittagspause setzt er darauf zwei Masten mit einem zierlichen *wishbone*-Rigg, dessen Einzelheiten er mit pedantischer Sorgfalt immer wieder verbessert, bis die Proportionen stimmen. — Acht Knoten!
Aber wie soll er d a s Frieda beibringen — Frieda, der e i n Mast schon zuviel ist?
Am Abend findet die Putzfrau Gustafs Zeichnung zerknüllt unter dem Schreibtisch.
„Komisch", denkt sie, denn sie ist eine recht einfältige Frau, „mit was die Herren im Büro sich nich allens beschäftigen müssen."

Der Pfahl

Gustaf sitzt in froher Runde. Man diskutiert darüber, wie die Mannschaft sich helfen kann, wenn der Kapitän plötzlich ausfällt. Heini demonstriert drastisch alle möglichen und unmöglichen Katastrophenfälle.
„Was ist zum Beispiel", sagt er, „wenn ihr mit der Familie schippert und der Käptn im Seegang über Bord gewaschen wird? Können eure Kinder und Frauen euch wieder auffischen und an Bord zurückholen? Haben sie das gelernt? Habt ihr ihnen das beigebracht?"
Gustaf mischt sich ein. „Quatsch", sagt er. (Gustaf sagt immer erstmal „Quatsch", wenn er anderer Meinung ist. Damit gewinnt er Zeit zum Nachdenken.) „Wie kann ein Schipper denn außenbords gewaschen werden? Dazu müßte er doch nach vorn gehen, und wer tut das schon?"
„Na", meint Heini, der sich so leicht nicht das Wasser abgraben läßt, „sagen wir: Er wollte reffen".

Aber Gustaf ist nicht zu überzeugen. „Kommt bei mir gar nicht in Frage. Reffen kann meine Olsch oder Julchen, aber der Schipper gehört ans Ror, wenn's dick wird."
Heini läßt nicht locker: „Na schön, dann kommt eine große See von achtern und wäscht dich aus der Plicht. Und dann?"
„Kann mir gar nicht passieren", trumpft Gustaf auf, „bin ja angeseilt!"
„Mönsch", fragt Heini ungläubig, „kannst du dir denn überhaupt keine Lage vorstellen, wo der Kapitän zu Bach geht?"
„Nee", erwidert Gustaf dickköpfig, „dann hat er es selbst schuld und soll versaufen. Bei mir kommt jedenfalls niemand anders ans Ruder als ich. Wär ja noch schöner!"
Heini macht einen letzten Versuch: „Nimm mal an, du kriegst den Großbaum an den Schädel und wirst besinnungslos. Wer tritt dann an deine Stelle?"
„Quatsch!" Gustaf holt tief Luft und

denkt angestrengt nach, „dann muß man seinen Poller eben rechtzeitig einziehen. Aber Frauen und Kinder am Ruder sind Quatsch!"
„Man sollte doch wenigstens versuchen, es ihnen beizubringen." Heinis Stimme klingt wenig überzeugend.

„Das lernen die mit ihren zwei linken Händen doch nicht!"
Das war am Freitag.

*

Am Wochenende segelt Gustaf mit Frieda und Julchen nach Seedorf. Als sie am Sonntagnachmittag ablegen wollen, steht der Wind genau ins Loch. Gustaf fährt eine lange Leine zu einem luvwärts befindlichen Pfahl aus und verholt die dicke SINDBAD daran quer durch den Hafen. Dann bindet er sein Schiff an dem Pfahl fest und setzt in Ruhe Segel. Als er damit fertig ist, erwacht sein pädagogisches Gewissen, und er zeigt Julchen, wie die Fallen aufgeschossen werden müssen. Julchen fragt den Vater in ihrer kindlichen Unschuld, wie man denn nun aus dem Hafen komme, aber Gustaf denkt an sein Gespräch vom Freitagabend und knurrt ungnädig:

„Dor quäl di man nich üm. Davon versteihst du doch nix."

Frieda klappert in der Kombüse mit Pött und Pann. Der Betrieb an Deck interessiert sie wenig. Das ist nicht ihr Ressort.

„Soll ich an die Pinne gehen, Vater?" fragt Julchen kleinlaut.

„Quatsch", gibt Gustaf zur Antwort, „Kinners haben am Ruder nichts zu suchen. Fot mi nich dat Ror an!"

Und mit diesen Worten beginnt er, behende wie ein Eichhörnchen an Deck umherzuspringen. Er fiert die Dirk, überholt die Großschot, gibt Lose in die Backstagen und setzt das Festmach-Ende am Pfahl auf Slipp. Alles gleichzeitig. Julchen blickt voll Bewunderung auf den Vater. Wie der das kann!

Das Volk am Hafen ist aufmerksam geworden und schickt sich an, das komplizierte Auslaufmanöver mit Kennermiene zu beobachten. Gustaf hat das längst gemerkt und genießt das herrliche Wonnegefühl, anerkannt und bestaunt zu wer-

den. Doch nun kommt das Prunkstück der Schau: Mit loser Großschot und backgesetzter Fock übers Heck vom Pfahl freizudrehen und unter langsamem Dichtnehmen der Schot der Hafenausfahrt zuzustreben. Hierbei geht es — wie jeder weiß — um Sekunden. Aber was sind für Gustaf Sekunden. Das wäre ja gelacht!

Er holt SINDBADs Steven auf die richtige Seite des Pfahls, hält die Leine zum Slippen bereit in der Faust und ruft dem Töchting zu: „Fock back!" Dann krümmt er sich wie zum Sprung, um mit einem gewaltigen Tritt seiner langen Haxen das Schiff quer vom Pfahl abzusetzen, nach achtern zu rasen, das Ruder zu übernehmen, die Großschot dicht- und die Fock auf die andere Seite zu holen. Für den Laien eine atemberaubende Darbietung, für Gustaf indes nur „kleine Fische".

Doch das Unternehmen verläuft nicht wie geplant. Als Gustaf gerade — unter gleichzeitigem Losgeben der Vorleine — seinen Fuß gegen den Pfahl stemmen will, um das Schiff abzusetzen, bekneift die Leine und läßt sich nicht slippen.

Gustaf greift um den dicken Pfahl, aber er kann nicht feststellen, warum die Leine hakt, und er fingert im Leeren. Sehen kann er auch nichts. Dazu müßte er hinter den Pfahl blicken, aber der ist nicht durchsichtig. Der Schiffer macht einen Giraffenhals und versucht um die Ecke zu schielen. Die von Julchen mit Eifer backgeholte Fock läßt SINDBAD an der Leine zerren. Das Schiff beginnt mit dem Heck zu drehen. Zum Donnerwetter, die Leine muß sich doch lösen lassen!

23

Gustaf stellt sich auf die Zehenspitzen. Als das immer noch nicht genügt, steigt er auf den Bugkorb, umklammert den Dalben mit einem Arm und reißt mit dem anderen an der Leine. Da — endlich gibt sie nach. Gustaf holt die Lose durch, aber er erwischt in der Eile die falsche Part und merkt das erst, als SINDBAD unter seinen Füßen nach Lee abtreibt. Zu spät, um sich aufzurichten; zu spät, um das Schiff mit den Zehenspitzen wieder heranzuangeln. Gustaf wird lang und länger. Den Pfahl umarmend und SINDBAD mit den Füßen abdrückend hat der Schiffer nur die Wahl, zu Bach zu gehen oder sich an den Pfahl zu klammern. Er entschließt sich für das letztere — denn wer springt schon ohne Grund ins Wasser?
Im Klettersitz hängt er nun am Pfahl. Die Leine hat er losgelassen, und die Verbindung zur SINDBAD ist unterbrochen. Das Schiff treibt außer Reichweite und dreht mit backgesetzter Fock gehorsam auf dem Teller. Julchen stößt einen spitzen Schrei aus, der Frieda wie eine Furie aus der Kajüte springen läßt.
Zwei aufgeregte Mädchen rasen an Deck umher. Gustaf brüllt vom Pfahl her alle möglichen Kommandos wie „Großschot dicht!" und „Fock über!", aber sie gehen im Chaos einer kopflosen Betriebsamkeit unter.
Das Großsegel faßt Wind. SINDBAD nimmt Fahrt auf und steuert genau auf die Breitseite einer großen, neuen Ketsch los. Dort wird man munter, greift nach Fendern und Bootshaken und schreit: „Abfallen!" Gustaf tritt der Angstschweiß auf die

Stirn. Er weiß, daß SINDBAD nicht abfällt und schon gar nicht, wenn Frieda am Ruder sitzt.
„Ruder hart Steuerbord", tönt es mit einem gequälten Angstschrei vom Pfahl. Dann schließt er die Augen, um nicht mit ansehen zu müssen, wie sich SINDBADS eisenbeschlagener Steven knirschend in die Mahagonihaut des Lustkutters frißt.

24

Aber Frieda hat die Lage richtig erfaßt. Sie legt hart Ruder und dreht das Schiff dadurch in den Wind. Die eine Gefahr ist gebannt, aber schon droht die nächste: SINDBAD geht über Stag und beginnt auf dem anderen Bug, quer durch den Hafen auf eine dicke, weiße Motoryacht loszubrausen, deren Mannschaft sich bisher in Sicherheit glaubte und mit hämischem Gelächter Friedas „Kreuzfahrt des Grauens" verfolgte.

Gustafs Arme werden länger und länger. Die zwangsbedingte Kletterstellung ist alles andere als bequem, und er spürt, daß seine Kräfte erlahmen.

Frieda schert in einer atemberaubenden Serpentine an Pfählen und Tonnen entlang, aber sie kann SINDBAD weder zum Stehen bringen, noch weiß sie, was sie tun muß, um irgendwo anzulegen. Auf der Motorquatze wird man sichtlich nervös.

„Plünnen weg!" ruft Gustaf und gestikuliert wild mit einem Arm.

„Segel runter!" ruft man jetzt auch von anderen Schiffen der amoklaufenden Frieda zu. Julchen schaltet kurz und reißt das Fall von der Klampe. Das Segel fällt in den Bach, aber es kommt wenigstens runter. Vor der Fock treibt SINDBAD zwischen die Boote und verheddert sich in deren Vorleinen. Hilfreiche Hände greifen zu und bringen Schiff und Frauen in Sicherheit.

Gustaf hat das gerade noch miterleben können. Dann verlassen ihn seine Kräfte, und er gleitet am glibberigen Pfahl abwärts und geht auf Tiefe.

Der Hafen brüllt vor Lachen. Der dicke Motorbootschipper wälzt sich — kaum der Gefahr entronnen — an Deck und hält sich seinen zuckenden Bauch. Nein, so etwas Lustiges hat man noch nie erlebt! Gustaf findet das gar nicht lustig. Er schwimmt an Land und besteigt mit finsterer Miene die SINBDAD.

„Hab ich es nicht immer gesagt", brummt er unwirsch vor sich hin, „Frauen und Kinder gehören nicht ans Ruder."

Nocturno

Es tickt! Schlaftrunken pendelt die kleine Yacht SINDBAD zwischen ihren Festmacherpfählen im diffusen Schein eines fahlen Mittsommermondes. Drinnen ruhen — geborgen im warmen Mief der Kajüte — Gustaf, Frieda und Julchen. Es könnte eine friedliche Bauernnacht sein — so richtig geeignet zum nahtlosen Durchträumen.
Aber Frieda ist wach: Es tickt irgendwo! Was soll schon ticken? An Land würde man gar nicht darauf achten, aber der Bordschlaf ist leicht, besonders bei Frauen, die immer etwas ängstlich sind. Mit Friedas Ruhe ist es vorbei. Sie langt über den niedrigen Tisch der Kajüte hinweg zur Steuerbordkoje, aus der in regelmäßigen Intervallen durch Gustafs Nase gleichförmig pfeifende Schlafgeräusche entweichen. Sie stößt den Schiffer an:
„He, Gustaf, wach auf — es tickt!"
Gustaf grunzt unwirsch vor sich hin und unterbricht sein Pfeifkonzert vorübergehend. Er ist nicht hellwach wie Frieda, aber so an der Grenze zwischen *dawn and dark* — eben gerade genug, um eine kurze Geräuschanalyse anzustellen. Gustaf schläft nämlich wie alle Seeleute „rationell". Er registriert im Schlaf unbewußt alle Bewegungen seines Schiffes, alle Geräusche an Bord und im Hafen, und er zerlegt sie — ohne dabei völlig wach zu werden — in „organische" und „anorganische". Natürlich nennt er das nicht so — er weiß nicht einmal, was diese Worte bedeuten —, aber die in ihm schlummernden jahrhundertealten Instinkte des Küstenmenschen haben ihm diese charakteristische Fähigkeit verliehen. Wer früh morgens frisch sein muß, braucht einen ungestörten Schlaf. Da hilft die Natur eben mit rationalisieren und sorgt dafür, daß Gustaf nicht durch jeden Möwenschrei, jede Dampferwelle oder jedes Ticken wach wird.
Doch nun ist er es fast — aber daran ist

Frieda schuld und nicht das Ticken. Gustaf „analysiert" also in seinem Dämmerzustand (und mit dem festen Vorsatz, dabei nicht wacher zu werden als nötig), ob das Ticken organischen oder anorganischen Ursprungs ist.
Zu den organischen Geräuschen gehören das Ächzen der Fender, das Knarren der Festmacher-Enden, gelegentliches Schlagen der Fallen und das gemütliche „klick ... klack ... kluck" des Hafenwassers an der Außenhaut. Hin und wieder auch mal, wenn draußen ein Klütenewer oder die Fähre vorbeidampft, ein nicht endenwollender Pendelschlag des Mastes, der einen Stadtmenschen aus der Koje rollen würde, der Gustaf aber nicht im mindesten berührt.
Das sind also „organische" Geräusche. Es gibt deren viele. Sie können laut sein oder

leise — Gustaf wird davon nicht wach, denn seine innere Stimme raunt ihm im Schlummer zu:

„Gustaf, laß dich durch das dumme Quietschen der Ruderaufhängung bloß nicht stören, aber vergiß nicht, den Ruderbeschlag endlich mal zu schmieren!"

Oder: „Gustaf, die Fender knarren zwar heute besonders laut, aber das kommt nur davon, daß Hein Nachbar seine Spring zu steif gesetzt hat."

Ganz anders sieht die Sache bei den „anorganischen" Geräuschen aus. Hierzu gehören alle Einwirkungen von außen, die eine Gefahr für das Schiff bedeuten könnten. So zum Beispiel, wenn sich zwischen die Knarrlaute der Fender ein leises Reiben von „Holz auf Holz" schleicht oder gar ein sanfter „Bums" federnd von den Leinen aufgefangen wird. Schlimmer noch ist das gefürchtete Jaulen des Windes in der Takelage, welches sich zumeist dadurch ankündigt, daß aus dem friedlichen „klick ... klack ... kluck" des Hafenwassers ein hartes, von kurzen Stößen begleitetes „batsch ... batsch" wird. Zwar sind es zunächst nur Symptome, die Gustafs dösendes Gehirn in solchen Situationen registriert, aber seine innere Stimme mahnt ihn jetzt deutlich und unüberhörbar, sich um die Ursachen zu kümmern:

„Gustaf, nu warr dat Tied, wach up, dat gifft Wind!"

Die innere Stimme hat das Wort „Wind" noch gar nicht ausgesprochen, da sitzt Gustaf schon halb aufgerichtet auf der Koje und lauscht auf die „anorganischen"

Geräusche. Er weiß aus Erfahrung, daß sie meistens von unangenehmen Überraschungen begleitet sind.

Aber nicht nur das nächtliche Aufkommen von Wind bedeutet Gefahr. Auch das Drehen des Windes äußert sich in solch anorganischen Geräuschen, die den Schiffer barfuß und in Unterhosen auf das nächtlich-angefeuchtete Deck scheuchen und ihn veranlassen, eine Spring nachzusetzen, ein Ende auszubringen oder eine Leine zu verlegen. Manchmal geschieht dies mehrere Male hintereinander, und immer wird er geweckt von seiner inneren Stimme, die ihn an den Haaren zerrt und ruft:

„Gustaf, törn to, de Wind hett dreiht!"
Oder: „Gustaf, zurr de Plünnen fast, dat gifft ander Wedder".

Anorganische Geräusche sind häufig ganz leise, aber trotzdem lassen sie den Schiffer in der Koje zusammenfahren und blitzartig auf Abwehr schalten. (Damals,

in Troense, als die Katze ihnen die Koteletts aus der Plicht klauen wollte, war es nur ein schattenhaftes Schleichen an Deck, das Gustaf mit einem Satz aus der Koje springen ließ. Und als die Möwen in Smögen sich auf dem Brückendeck kühlgestellte Krabben einverleiben wollten, erwischte der Schiffer sie nur, weil ihre nächtlichen Schreie eine Spur gefräßiger klangen als sonst.) Oft ist es auch nichts weiter als das *Aufhören* eines Geräusches, das ihn weckt. So hatten sie doch im vergangenen Sommer eine Nacht auf dem Kalkgrund geankert, und nichts schien los zu sein. Das Schiff wiegte sich zufrieden in der leisen Dünung, und die Besatzung schlief den Schlaf des Gerechten. Plötzlich riß es Gustaf aus der Koje: Das Surren des Standers war nicht mehr zu hören! Gewiß nur ein winziges Geräusch, und man schläft herrlich dabei. Aber warum hört es plötzlich auf? Sie stellten dann fest, daß ihnen die Ankertrosse durchschamfilt war und sie im Begriff waren, quer über das Flach hinwegzudriften.

Diesmal hat ihn aber nicht die innere Stimme wach gemacht, sondern die ängstliche Frieda. Was versteht eine Frau denn auch schon von den feinen Sinneswahrnehmungen eines Schippers! Für sie tickt es nur — oder es ist ruhig. Und jetzt tickt es. Eine Geräuschanalyse fällt für sie sowieso flach. Das ist nur etwas für Männer als sozusagen höher organisierte menschliche Lebewesen. Und auch längst nicht für alle, sondern nur für solche, die eine innere Stimme haben.

„Hörst du, Gustaf", flüstert sie zaghaft, „jetzt macht es ‚tick' — und jetzt wieder ‚tick' — was mag das nur sein?"

„Quatsch", sagt Gustaf grob. Er sagt immer erstmal „Quatsch", wenn Frieda etwas zu hören glaubt, was ihm Arbeit macht. Aber es ist kein Quatsch. Es tickt wirklich. Ganz regelmäßig, alle fünf Sekunden. Tick ... tick ... tick.

Nun ist er ganz wach. Die innere Stimme ist verscheucht, und Gustaf ist auf seine eigene Spitzfindigkeit angewiesen. Es ist zweifellos ein ungefährliches Ticken, aber wo kann es herkommen? Also mal ganz systematisch vorgehen! Gustaf geht systematisch vor und zerlegt sein Schiff in potentielle Geräuschgruppen: Wasserhahn am Spülbecken. (Er sieht nach. Ist dicht.) Vergaser. (Klappe zum Motorraum auf. Er schnüffelt. Alles trocken.) Das an der Kombüsenwand bammelnde Tee-Ei. (Hängt diesmal woanders. Kann auch gar nicht ticken.) Die Tropfstelle an der Stirnwand des undichten Kajütaufbaus. (Schiebeluk auf. Nachsehen, ob es regnet. Es regnet nicht.) Da er nun schon den Kopf an Deck hat, klettert der in eine langbeinige, baumwollene Unterhose gehüllte Rest gleich hinterher. Blick nach oben. (Nicht zu den Sternen natürlich, sondern ins Rigg. Völlig flau, kein Tick und kein Tack zu hören.) Wieder unter Deck. Er legt sich auf die Koje und zündet sich eine Zigarette an.

Es ist das erste Mal, daß ihm ein gewöhnlicher organischer Tick den Schlaf raubte, aber jetzt ist sein Ehrgeiz geweckt. Seine Gedanken fangen vorn im Vorschiff an und wandern das Schiff entlang bis zum Heckschapp. Was kann da alles ticken? Ach, es gibt tausend Möglichkeiten, vom Schäkelkasten in der Backskiste bis zum Marlspieker am Garderobenhaken. Die Zigarette ist aus, und er hat es nicht herausgefunden. Frieda, die das Gefahrlose der Situation erkannt hat, ist schon wieder eingeschlummert. Aber Gustaf, das höher entwickelte menschliche Lebewesen, starrt mit offenen Augen auf die nachtdunklen Decksbalken über seiner Koje und grübelt.

Das Ticken hört auf. Jetzt, wo es ihm gelungen ist, den Schiffer an Deck zu scheuchen, sieht es seinen Zweck als erfüllt an und hört plötzlich auf, das gemeine Ticken. Nun kann man nicht einmal mehr nach ihm suchen. (Suchen Sie mal ein Ticken, das nicht mehr tickt!) Während Gustaf den Tücken (sprich „Tikken") des Objekts nachsinnt, wird er müde. Er überlegt gerade, welche seiner erprobten Einschlafmethoden jetzt die zweckmäßigste und erfolgversprechenste wäre — da umnebelt der Schlaf schon sein Zerebralsystem mit warmen, wellenförmigen Impulsen. Mitten in einem grübelnden Gedanken über den verschwundenen Tick umfängt ihn der Schlaf mit weichen, mütterlichen Armen, und er beginnt an der Seite der dieser Welt bereits entrückten Frieda sein Nasenpfeifkonzert just an jener Stelle, wo er vor einer Viertelstunde aufgehört hatte.

Ach, ja — Julchen! Julchen hat von dem ganzen nächtlichen Intermezzo überhaupt nichts gemerkt. Sie weiß nichts von Ticks und anorganischen Geräuschen. Sie schläft den festen Schlaf der Kinder.

Vielleicht träumt sie gerade von ihrer Puppe Sophia.

Psychologie des Daumens

Millionen kluger Abhandlungen, Dissertationen und ähnlicher Weisheitstropfen füllen die Archive der Universitäten und Bibliotheken. Über die Bedeutung des Daumens im Leben der Völker sind jedoch noch niemals Betrachtungen angestellt worden. Dabei verdiente gerade diese Frage eine eingehende Analyse, weil hier in inniger Harmonie physikalische, soziologische und emotionelle Funktionen das Schicksal der Menschen beeinflussen. Betrachten wir zum Beispiel Gustaf. Wie viele tausend Arbeitsstunden hat er im Laufe seines Lebens damit vergeudet, wissenschaftlich längst bewiesene Tatsachen nachzuprüfen? Ja, in welchem Umfang hat er durch solche Pedanterie das Sozialprodukt geschmälert und dadurch die gesamte Nation geschädigt? Gustaf weiß eben nichts über die „Bedeutung des Daumens im Leben der Völker". Das heißt — er *wußte* nichts. Dies hat sich geändert und zwar auf folgende Weise:

Gustaf war, wie alle notorischen Segler, ein Pedant von beträchtlichem Ausmaß — sozusagen ein fleischgewordener Zollstock. Wenn Gustaf ein Loch bohren wollte, griff er sich nicht aus der Backskiste mal eben einen 6-mm-Bohrer und bohrte damit drauf los. Nein, zuerst wurde mit dem Nonius die Stärke des Bohrers nachgemes-

sen und mit der aufgestanzten Zahl verglichen. Dann erst wurde gebohrt.
Zollstock und Schublehre waren seine besten Freunde, und er trug sie ständig bei sich. Es gab ja immer etwas zu messen! Daß er damit seiner Umgebung auf die Nerven fiel, machte ihm nichts aus — er fühlte sich als unverstandener Prediger in der Wüste und bedauerte alle Leute, die nicht so akkurat waren. Nun, man kennt das ja von den Seglern: Alles muß „so" gemacht werden und nicht anders, die Schoten werden „so" belegt, die Taklings werden „so" aufgesetzt, Fallen werden „so" aufgeschossen, Muttern werden „so" angezogen und Segel werden „so" gesetzt. Wenn Gustaf auf seinem Schiff irgendein unbedeutendes Detail ändern wollte, wies sein Gesicht schon Wochen vorher gequälte, grüblerische Züge auf. In sein Notizbuch trug er mehrmals täglich geheimnisvolle Zahlen ein. Seine Büroarbeit litt unter dem heftigen Zwang, auf vielen kleinen Zetteln private Konstruktionszeichnungen entwerfen zu müssen. Und das Problem, zwei Rohrstücke durch einen Flansch zu verbinden, konnte ihn sogar um den nächtlichen Schlaf bringen.
So war es bei unbedeutenden Dingen. Aber welch fanatische Akribie zeigte Gustaf erst bei wirklich großen Sachen! Einmal fertigte er, um eine Leitöse an Deck zu versetzen, siebzehn Segelrisse an — mit den verschiedensten Neigungswinkeln des Mastes, vor- und zurückversetzten Vorstagen, hoch und tief gestroppten Vorsegeln bei einfach und doppelt geschorener Schot. Dann baute er ein Modell 1 : 20 mit rich-

tigen Segeln, an denen Seidenfäden befestigt waren, um mittels eines Fön-Apparates den Düsenstrom des überlappenden Tuchs zu kontrollieren. Zum Schluß blieb alles beim alten, weil die Versetzung der Leitöse ihm doch noch nicht konstruktionsreif erschien.
Ja, so war Gustaf! Gründlich, peinlich exakt und von immensem Forschungsdrang beseelt.
Das war wohl auch der eigentliche Grund, weshalb er so lange Jahre auf den Einbau eines Motors in seine alte SINDBAD verzichtet hatte. Es war zu viel dabei zu bedenken! Nicht nur die Auswahl einer geeigneten Mortortype war es, was ihm so viel Kopfzerbrechen bereitete. Nein, allein schon der Gedanke an die technische Durchführbarkeit des Problems konnte ihn des Nachts erschrocken im Bett hochfahren lassen, so daß Frieda besorgt fragte, ob Fieber habe. Und dabei war ihm nur mal wieder eingefallen, wie er sein Stevenrohr legen könne, ohne dabei die zahlreichen langen Gewindebolzen zu beschädigen, die ein kluger Yachtkonstrukteur vor mehr als dreißig Jahren an dieser bedeutungsvollen Stelle vorgesehen hatte.
Daß er jetzt doch den kühnen — und für ihn geradezu gewalttätigen — Entschluß faßte, den Einbau einer Hilfsmaschine durch eine kleine dänische Motorenfabrik vornehmen zu lassen, war schließlich nur Friedas Überredungskunst zu verdanken. Die Kapitäneuse hatte das ewige Grübeln satt und wollte endlich wieder einen strahlenden Käptn sehen.
Die Wochen davor waren schlimm! Sie

drohten mehrmals, Gustaf mit seinen Lieben endgültig zu entzweien. Für seinen Beruf hatte er überhaupt keine Zeit mehr, und auch nachts maß er in Gedanken Spantenwinkel und Motorgefälle aus, legte im Geist den Plichtboden höher und den Kajütboden tiefer, bohrte Löcher durch Wrangen und Außenhaut (welch gräßlicher Gedanke!) und machte komplizierte Zeichnungen und Schaltpläne für die ganze Daddelei, die mit solch einer stinkenden und lärmenden Apparatur nun einmal verbunden ist. Sein Notizbuch war mit Zahlenakrobatik bis zur letzten Seite angefüllt, und sein Gehirn ähnelte einem Druckkessel mit klemmendem Sicherheitsventil.

*

In diesem Zustand kam man in Dänemark an.

SINDBAD ging auf die Werft, und ein junger Mann in blauem Overall stieg an Bord. Gustaf packte seine Zettel aus und machte sich daran, sein Gehirn zu entleeren. Endlich konnte der Druck von ihm weichen. Aber der junge Techniker schüttelte nur den Kopf. Er wollte die Zettel nicht sehen und auch Gustafs in holprigem Dänisch vorgebrachte Erklärungen nicht hören. Er guckte nur einmal unter die Bodenbretter, kratzte sich am Kinn, legte den Kopf auf die Seite und ging wieder fort.
Gustaf wunderte sich. Das war für den Anfang nicht viel gewesen. Der Kerl hatte ja nicht mal etwas ausgemessen. Sicher war das bloß die Vorhut und der eigentliche Meßtrupp kam noch.
Nachmittags kam der junge Mann wieder.

Er hatte einen Kollegen mitgebracht. Beide hockten im Cockpit und starrten auf den Fußboden. Hin und wieder knurrten sie sich ein Wort zu. Um Gustaf und seine Zettel kümmerten sie sich nicht. Dann standen sie beide auf.
„Okay", sagte der Blaue, „morgen beginnen Montage."
Gustav glaubte nicht richtig zu hören. Montage? Die waren wohl verrückt! Wo blieben die Einbauzeichnungen und der Montageplan? Das war doch Sache eines Ingenieurs! Und das hatte vorher ausgemessen zu werden. Verdammt noch mal!
„Har di keenen Inschenier?" fragte er erbost den Blauen.
„Jo", gab dieser zur Antwort, „bin sich szelbst Inschenier."
„Na und die Zeichnung? — Tekning?"
„Nix Tekning — alles okay!"

Es war wieder einmal eine schlechte Nacht für Gustaf. Erst als Frieda energisch wurde und selbst das ahnungslose Julchen seinen Senf dazu beigesteuert hatte, machte Gustaf die Augen zu und das Licht aus. Wie sollte das bloß werden! Sein schönes Schiff! Und nicht mal eine Zeichnung. Das kommt davon, wenn man so etwas im Ausland machen läßt!

Morgens rückte eine Kolonne freundlicher Männer an, die auf einem Handwagen einen grün angestrichenen Motorblock mit sich führten. Sie machten „hoh-ruck", und ehe Gustaf sich's versah, stand der Eisenklotz im Cockpit. Der Blaue kniff die Augen zusammen, steckte einen Keil unter das Schwungrad und hob damit den Motor an der Stirnseite etwas an. Dann nahm er einen Hammer, schlug mit raschen, geübten Schlägen die Verschalung der Seitenschapps auseinander, entfernte die Duchten und Bodenbretter und rief nach einer Säge.

Gustaf stieg es sauer in die Kehle hoch. Bevor er sich tränenden Auges abwenden konnte, sah er noch, wie einer der Kerle mit der Säge ein riesiges Loch in das Brückenschott geigte, groß genug, um drei Motoren dort hineinzuschieben. Als er seine auf dem Brückendeck ausgebreiteten Konstruktionszettel einsammeln wollte, mußte er sie län-

gere Zeit suchen. Der Blaue hatte sich draufgesetzt. Ein Blatt klebte dem Mann mit der Säge unter der Schuhsohle. Die Montage hatte begonnen. Gustaf stieg aus. Er merkte, daß er überflüssig war, und zog vor, das weitere Geschehen von einer an SINDBAD gelehnten Leiter aus zu verfolgen. Aber das widerliche Knacken des splitternden Mahagoniholzes und das an seinen Nerven fressende Geräusch der Säge vertrieb ihn bald auch von dort. Er wendete — begleitet von Frieda und Julchen — seine Schritte stadtauswärts. Es war ein schweigsamer Marsch.

Gegen Mittag trieb ihn seine Unruhe wieder zur Werft. Neben der SINDBAD lag ein Berg lackierter Hölzer, die unschwer erkennen ließen, woher sie stammten. Gustaf hatte sie seit Jahren in jedem Frühjahr liebevoll geschliffen und gepönt. Und wie oft hatte er beim Segeln zu Julchen gesagt: „Mach den Sand von den Schuhen — denk an den Lack!" Nun lagen die Trümmer vor ihm. Mußte denn wegen solch eines blöden Motors alles kaputt gemacht werden? Nein, dem war er nicht gewachsen. Das war zuviel für ihn.

Da an Deck die „Blaue Gang" regierte, hockte er sich im Schatten der SINDBAD resigniert auf einen Stapel Bretter und gab sich seiner Verzweiflung hin. Ein dicker Schiffszimmermann war gerade dabei, mit einem schweren Vorschlaghammer die im Totholz des Achterstevens eingebetteten Gewindebolzen herauszuschlagen. Hei, wie das krachte! Bei jedem Schlag zitterte SINDBAD in ihren Spanten, und man sah, wie die Pallings sich bewegten. Als näch-

stes würden wohl die Stützhölzer umfallen, aber das geschah den Kerlen recht. Warum gingen sie mit dem Schiff so roh um.

Nach Feierabend kletterten Gustaf, Frieda und Julchen wieder auf ihren ungemütlichen Untersatz. Herrjeh, wie sah das Schiff aus! Überall lag Handwerkszeug herum und in allen Ecken häuften sich Holzreste und Sägespäne. Der Motor kauerte wie ein bösartiges Raubtier auf den Bodenbrettern. Gustaf deckte ihn mit einem Stück Segeltuch zu. Er konnte das Biest nicht mehr sehen.

Am nächsten Morgen kamen die Zimmerleute sehr frühzeitig. Frieda räumte schnell das Frühstücksgeschirr zusammen, und Gustaf verschwand knurrend von Bord. Die Männer hatten armdicke Eichenbalken mitgebracht, die sie mit Äxten bearbeiteten und der Schmiege des Schiffsbauches anpaßten. Aha, das sollten die Fundamente werden!

Gustaf hielt nicht viel vom „Augenmaß". Aber was hier geschah, war schon kein Augenmaß mehr — das war „Daumenmaß" in sträflicher Unbekümmertheit. Die Männer ließen sich jedoch durch Gustafs feindselige Blicke in keiner Weise stören. Sie paßten die Fundamentwrangen an, nahmen hier ein wenig mit der Axt fort, raspelten dort ein wenig, prüften mit Mennige den Abdruck an der Bordwand und krönten ihr Werk, indem sie von außen spannenlange Zinknägel — die sie „Spiker" nannten — durch den Schiffsrumpf in das knarsche Eichenholz des Fundaments trieben. Gustaf zitterte am ganzen Körper. Er glaubte nicht, daß es etwas noch Barbarischeres geben könnte als das Vernageln seiner herrlichen Außenhaut mit den fingerdicken Spikern. Aber das war nur der Anfang.

Plötzlich stand ein Mann mit einem zwei Meter langen Bohrer am Heck des Spitzgatters. Dort, wo sich sonst das tiefgehende Ruderblatt in seinen Zapfen drehte — zwei Handbreit unter dem Wasserpaß — setzte er die Spitze des Bohrers an und begann den Apparat mit zügigen, kraftvollen Bewegungen zu drehen. Offenbar wollte er das Loch für das Stevenrohr bohren.

„Halt", rief Gustaf, „stopp, stopp!" Und schon stand er neben dem bohrenden Vandalen und fragte fünf Dinge auf einmal. Wieso gerade dort — wer das ausgemessen hätte — wo er die Zeichnung habe — ob die Wellensteigung einkalkuliert sei und woher er wisse, ob er mit dem Bohrer an der richtigen Stelle herauskomme. Der Mann verstand nicht, was Gustaf ihn auf deutsch gefragt hatte, aber er nickte gutmütig mit dem Kopf: „Jo, jo." Er kannte Leute wie Gustaf, die immer alles mathematisch berechnet haben wollen, was ein alter Bootsbauer in den Fingerspitzen hat. Er hob den hochgespreizten Daumen der rechten Hand bis in Augenhöhe und visierte darüber einen imaginären Punkt im Weltall an — das internationale Zeichen für Über-den-Daumen-Peilen. Dabei griente er Gustaf besänftigend an, als ob er sagen wollte: „Nur keine Angst, mien Jung, mit so etwas werden wir täglich fertig."

Und dann bohrte er bedächtig weiter. Mit jeder Drehung der am Ende des Bohrers befindlichen Handspake schraubte sich das Monstrum knirschend in das Totholz. Zentimeter um Zentimeter, Dezimeter um Dezimeter, einen halben, einen, anderthalb und schließlich zwei Meter. Niemand war da, der dem Zimmermann zurief: „Ein bißchen höher, ein bißchen tiefer, jetzt etwas links — recht so." Der stand nur breitbeinig auf dem holperigen Boden hinter der SINDBAD und drehte freihändig und ohne genau hinzusehen seinen Stahl in die Eingeweide des Schiffes.

Was meint ihr wohl, wo Gustaf war? Nachdem er eine halbe Stunde nervosierend von einem Bein auf das andere gesprungen und wie ein tanzender Derwisch um den Bohrenden herumgehüpft war, hielt er es an Land nicht länger aus. Er kletterte an Deck und starrte gebannt in das Innere der Bilge, wo der Ingenieur an einer bestimmten Stelle des Kielbalkens mit Kreide ein Kreuz gemacht hatte. Hier sollte die Bohrerspitze zum Vorschein kommen. Kaum glaublich, daß solch ein Wunder möglich war! Gustafs Pupillen sogen sich an dem Kreidekreuz fest wie die Augen einer Katze an einem Mauseloch. Er glaubte nicht an Wunder, ja, er wünschte fast, der Bohrer möge an einer falschen Stelle ans Tageslicht treten. Dann hätte er doch recht behalten mit seiner Gründlichkeit.

Als er längere Zeit voller Unruhe das Kreuz fixiert hatte, ohne daß sich außer dem knirschenden Laut des mahlenden Bohrers etwas ereignete, bekam Gustaf es mit der Angst. Womöglich kam die Bohrerspitze überhaupt nicht zum Vorschein und drehte horizontal im Totholz weiter bis ans Ende der Welt? Oder sie kam seitlich heraus oder brach sogar ab? Gustaf stand der kalte Schweiß auf der Stirn. Er blickte über die Reling zu dem Zimmermann hinab, aber der sog gelangweilt an seiner Pfeife und drehte mit der Gleichförmigkeit eines Ventilators seinen Holzgriff.

Gegen Mittag waren Gustafs Beine eingeschlafen und seine Kniekehlen schmerzten. Als er mit der zehnten Zigarette seine Nervosität mühsam zu bekämpfen versuchte, schien es, als ob das weiße Kreuz sich leicht bewegte. Im Kielholz klaffte ein winziger Spalt, der das Kreuz wie abgezirkelt in zwei gleiche Hälften teilte. Ein Span hob sich vibrierend ab, das Kreuz klaffte auseinander. In seinem Zentrum erschien die Spitze des Bohrers.

Gustaf war platt. Er griff sich die Rumbuddel aus dem Flaschenschrank und stieg zu dem Zimmermann nach unten. Das war ein „Skol" wert! Doch als überzeugter Pragmatiker mußte er herausbekommen, wie so etwas möglich war: Ganz ohne Zollstock, ohne Zeichnung und ohne Winkelmaß ein zwei Meter tiefes Loch durch einen nur handbreiten Kiel zu bohren und und genau an der gewünschten Stelle zu landen!

Der Mann mit dem Bohrer lachte verlegen. Er hob wieder seinen Daumen und peilte damit die Sonne an.

Über die weiteren Ereignisse ist nicht mehr viel zu berichten. Der Motor wurde montiert, eine schöne, neue Holzverkleidung darumgebaut, ein Teakholzkasten für das Wendegetriebe angefertigt und ein blitzendes Armaturenbrett im Cockpit angeschraubt. Ausgemessen wurde überhaupt nichts. Nur eben geguckt, gebaut und angepaßt — und schon saß wieder so ein neuer Kasten irgendwo.

Als nach fünf Tagen alles fertig war und SINDBAD ins Wasser zurückrollte, mußte Gustaf sich ehrlich eingestehen, daß sein Schiff gewonnen hatte. Nachdem auch der Motor auf Anhieb lief — was Gustaf bis zuletzt bezweifelt hatte —, gab es eigentlich nichts mehr, was er hätte kritisieren können.

Am nächsten Morgen verließ SINDBAD die Werft, um die unterbrochene Urlaubsreise fortzusetzen. Die Werftleute standen am Ufer und winkten — der Blaue in seinem Overall, der Bulle mit dem Vorschlaghammer und der Bohrwurm ohne Nerven.

Gustaf sah seinen Daumen an. Ein schöner, kräftiger Daumen. Ein deutscher Daumen — praktisch, nüchtern und befehlsgewohnt.

Da er in den Belt wollte, griff er nach der Seekarte und dem Kurslineal, um den Kurs abzusetzen. Aber nach kurzem Überlegen warf er beides wieder in die Kajüte zurück und peilte grob mit dem linken Daumen Nordnordwest. Dann holte er die Schot dicht und ging auf Kurs. Ohne Lineal.

Er besah noch einmal seinen Daumen. Tolles Ding eigentlich, so ein Daumen. Und nicht mal eine deutsche Erfindung.

Pädagogische Lektion

So, mien Deern, nun hole uns schnell noch einen Kanister voll Trinkwasser — dann kann die Reise losgehen!"
Gustaf, der Kapitän, sprach's, und Julchen setzte sich — mißmutig wie immer, wenn man etwas von ihr wollte — in Bewegung. Nach fünf Minuten meldete sie sich wieder an Bord. Ohne Trinkwasser.
„Ich kann keinen Wasserhahn finden!"
Zorneswolken verdüsterten die sonst so heiteren Züge ihres Erzeugers: „Dämliches Frauenzimmer!"
Frieda schaltete sich ein: „Was du immer mit dem Mädchen hast. Hole doch lieber selbst Wasser. Der Kanister ist überhaupt viel zu schwer für das Kind." (Nun war Julchen plötzlich ein „Kind". Gestern abend, als die Göre nicht zur Koje gehen mochte, war sie „zu alt, um dauernd herumkommandiert zu werden". Kenne sich einer bei den Frauen aus!)
„Komm mit!" raunzte der Schiffer ungnädig seinem Töchting zu. „Du mußt endlich lernen, die Augen aufzumachen. Ich werde dir mindestens zehn Wasserhähne zeigen."
„Einer genügt", kommentierte Frieda.
Vater und Tochter zogen ab.
Auf Spodsbjergs Fischereibrücke standen einige unrasierte Küstenbewohner und erzählten sich die Neuigkeiten des Tages, indem sie sich schweigend ansahen.
„Wahn?" fragte Gustaf in fließendem Dänisch, was auf deutsch soviel hieß wie: „Guten Tag, können Sie mir bitte sagen, wo es hier Wasser gibt?"
Die Küstenbewohner antworteten weitschweifig und mit der einem Fremden gegenüber gebotenen Politesse, indem der Gesprächigste mit seinem Pfeifenstiel über seine linke Schulter hinweg auf einen weiß angestrichenen Schuppen deutete.
„Siehste", sagte Gustaf mit maliziösem Grinsen. Julchen war sprachlos.
Im Halbdunkel des Schuppens waren zwei andere Männer damit beschäftigt, tote

38

Fische in handliche Stücke zu sezieren. In einer Ecke glänzte an der Wand ein Messinghahn.
„Wahn?" fragte Gustaf wieder in seinem klassischen Dänisch. Diesmal sollte es bedeuten: „Gestatten Sie, meine Herren, daß ich hier mal eben Wasser fasse?"
Man gestattete mit der gleichen überschwänglichen Begeisterung, wie sie die Männer draußen gezeigt hatten, durch ein Nicken mit dem Kopf. Einer der Fischereianatomen sagte ein paar Worte in gutturalem Küstendänisch.

„Was sagt er?" fragte Julchen den Vater. Gustaf, der nicht zugeben wollte, daß er kein Wort verstanden hatte, log mit überzeugender Schlagfertigkeit: „Er sagt, es wäre in Ordnung."
Julchen hielt den Kanister an den Wasserkran. „Das Wasser rauscht, das Wasser schwoll." Dann wanderten Vater und Tochter gemächlich an Bord zurück, nicht ohne sich vorher gebührend bei den Küstenmenschen mit einem weltmännischen „Tack" bedankt zu haben.
Frieda verstaute den Kanister. Man ver-

ließ Spodsbjerg. Der nächste Hafen war Nyborg.
Auf See unterhielt Gustaf seine Besatzung mit munteren Maximen über Jugenderziehung im allgemeinen und die symptomatische Bedeutung von Julchens vergeblicher Wassersuche im besonderen. „Was meint ihr wohl", fügte er mit berechtigtem Stolz hinzu, „was aus mir geworden wäre, wenn ich in jungen Jahren so wenig Initiative gezeigt hätte wie unser Fräulein Tochter? Ich sage euch: Lieber etwas Falsches tun. Aber handeln!"
Als sie gegen Mittag Hov querab hatten — jene bedeutsame Ecke, wo Langeland zu Ende ist und die Schrecken der eigentlichen Seefahrt beginnen —, verspürte der Schipper Appetit auf einen ordentlichen Mokka.
Frieda klapperte eine Weile in der Kombüse. Dann stieg ein köstlicher Duft über den Niedergang ins Freie.
Die Kaffeemuggen nahmen auf dem Brückendeck Paradeaufstellung ein. (Frieda war sehr für Ordnung.) Auch Zuckerdose, Sahnepott und Umrührwerkzeug prangten zierlich gestellt auf kreuzstichverziertem Linnen. Die Feierlichkeiten konnten beginnen.
Die drei Seefahrer schlürften verzückt den ersten Schluck. Pfui Deibel — was war denn das? Das sollte Kaffee sein? Gallbitter stieg es ihnen in die Kehle.
„Natürlich hat Mutter Salz in die Zuckerdose getan", schimpfte Gustaf los. (Angriff ist die beste Verteidigung.)
Frieda blieb nichts anderes übrig, als säuerlich zu protestieren: „Natürlich — immer ich."
„Na wer denn sonst?" konterte der Schipper mit grollendem Unterton.
Julchen leckte am Zuckerpott. „Is Zucker", sagte sie trocken.
— — ? ? — —
Ein toller Verdacht glomm vage in Frieda hoch. Sollte etwa . . . ? Sie langte sich den Kanister. Ein Leuchten verklärte ihre eben noch schuldgequälten Züge. Sie sah den Käptn an. „Ich will dir mal sagen, wer hier was hat," und ihre Stimme klang dabei heimtückisch-triumphierend, „hier hat nur einer, und das bist du!" Und sie knallte den mit bitterem Seewasser gefüllten Kanister auf das Brückendeck, während Julchen in ein gellendes Indianergeheul ausbrach:
„Vater hat den Salzwasserhahn erwischt, juhuuh!"
Ein bestürzter Kapitän rang nach Worten, um sein Ansehen zu retten. Aber für heute war es damit aus. Nicht mal eine Ohrfeige für Julchen hätte daran etwas ändern können.
Und dabei hatte sie doch schließlich schuld an allem.

Petri Heil

Gustaf schätzt nichts weniger als den Angelsport. Nicht etwa, daß er etwas gegen Fische in gebratenem oder gekochtem Zustand hätte. Im Gegenteil — kaum hat die SINDBAD in irgendeinem Hafen angelegt, späht Frieda schon nach dem nächsten Fischerboot aus, um sich für den Mittagstisch ein paar springlebendige Butt oder grüne Aale zu sichern. Auch gegen eine geräucherte Makrele zum Abendbrot hat Gustaf nichts einzuwenden. Aber für die blöde Angelei von der SINDBAD aus hat er kein Verständnis. Alles, wo es hingehört. Und Angelschnüre gehören nun einmal nicht auf ein Segelboot.
Genug schon damit, daß Julchen mit ihrer kleinen Kinderangel dauernd Unordnung an Deck stiftet. Entweder angelt sie dort, wo der Skipper gerade einen Takling am Steuerbordwant lackiert, oder sie packt ihr Angelgeschirr auf die Koje des Kapitäns, wenn dieser sich eben zum Mittagsschläfchen begeben will. Mehrere Male hat Gustaf sich schon einen der ekligen dreizackigen Dorschhaken in die Pfote gejagt, weil die dumme Göre ihren Tüdelkram immer dort hinzulegen pflegt, wo Gustaf gerade hinlangt. Er hat ihr das Zeugs schon fortnehmen wollen, aber da kam er bei Frieda schlecht an!
„Laß das Kind doch das bißchen Vergnügen! Fangen tut es ja doch nichts."
Weibliche Logik! Nein — fangen tut Julchen wirklich nichts. Das einzige, was gefangen wird, sind Regenwürmer, die Gustaf abends für seine Tochter mit einer Taschenlampe unter feuchten Steinen und auf glitschigem Lehmboden suchen muß. Eine Beschäftigung, der er sich — verständlicherweise — mit größter Hingabe und unter heftigen Flüchen kurz vor dem Schlafengehen zu widmen pflegt.
Um ganz ehrlich zu sein: Gustafs Abneigung gegen jede Kombination von Fischfang und Segelsport entspringt nicht allein dem ständigen Ärger über Julchens ner-

venzermürbende Mißerfolge. Er hatte es früher dann und wann selbst versucht — eine Zeitlang sogar mit einigem Eifer —, aber ihm schien es am gesunden Anglerinstinkt zu mangeln. Da, wo auf Nachbarschiffen selbst von kleinen Bengels pützweise Makrelen, Dorsche und Heringe aus dem Wasser gezogen wurden, hatten bei Gustaf nur altersschwache Knurrhähne, liebestolle Dwarslöper und einmal — welche Sensation — ein einäugiger Steinbeißer angebissen. Letzterem hing allerdings (um der Wahrheit die Ehre zu geben) noch ein zweiter verrosteter Angelhaken aus dem Maul, woraus unschwer zu schließen war, daß der schon häufiger das Opfer anglerischer List geworden war und fast als eine Art Haustier angesehen werden mußte. Da solcherlei Unfug Gustafs Kommandanten-Nimbus nicht eben vorteilhaft beeinflußte, hatte er sich mit der Zeit in seine Rolle als griesgrämiger Angelfeind hineingelebt: Ein Fuchs, dem die Trauben zu sauer waren. Aber das sollte sich eines Tages schlagartig ändern, als Gustaf in Aarösund auf Willem stieß. Willem, Besitzer eines hochstebigen eisernen Jollenkreuzers aus dem Lüherevier, segelte, wie er sagte, überhaupt nur des Angelns halber. Tagsüber — im Hafen — schlief er. Da mußte sich an Bord alles mucksmäuschenstill verhalten, denn der Käptn durfte als „Nachtarbeiter" nicht gestört werden. Gegen Abend aber wurde Willem munter. Dann entrollte er zahllose hakenbewehrte Leinen und Schnüre, grabbelte aus einer mit schwarzer Erde gefüllten Keksdose eine Menge ekliger

Würmer ans Tageslicht, zerschnitt sie in handliche Stücke, die er auf seine Haken spießte, und befestigte rund um sein Schiff zahlreiche kurze Angelruten, bis es aussah wie ein Igel in Verteidigungsstellung. Darauf setzte er die kleine Fock und dampfte mit gedrosseltem Motor über den Sänden und Bänken hin und her, wobei er die Angeln gar nicht so schnell einholen konnte, wie die Fische zuschnappten. Gegen 22.00 oder 23.00 Uhr, wenn der Fisch nicht mehr so recht beißen wollte, ankerte er — mit Beute reich beladen — irgendwo unter Land, schlachtete seine Opfer unter gräßlichem Blutvergießen, döste zwei bis drei Stunden auf seiner Koje, um dann rechtzeitig vor Sonnenaufgang wieder mit dem Fischfang zu beginnen. Wenn er dann so gegen 10.00 Uhr vormittags wieder im Hafen anlegte, standen die Muttis der Nachbarschiffe schon mit Pützen und Baljen auf dem Steg, um vermittels einiger Transit-Zigaretten oder etwas Rum an Willems nächtlicher Beute zu partizipieren.

„Tschinsch for Tschinsch*" nannte Willem diese geschäftlichen Transaktionen. Und er sagte, durch sie wäre der Urlaub überhaupt erst richtiger Urlaub.

Gustaf hatte diesem seltsamen Gebaren zwei Tage lang kopfschüttelnd zugesehen. Solch ein Blödsinn! Wozu brauchte der Kerl eigentlich ein Segelboot? Ihm hätte eine Fischerquatze besser zu Gesicht gestanden. So etwas war nicht *shipshape*, das tat ein feiner Mann nicht — besonders kein so sportlicher, wie Gustaf sich zu sein einbildete.

---

*) „change for change" = tauschen

Am dritten Tag sah Gustaf, wie Willem plötzlich unruhig wurde, als ob er unter Strom stünde. Er zappelte im Cockpit seines Fischewers umher und stieß kleine, unartikulierte Schreie aus, die so ähnlich klangen wie:

„Mönsch, ick segg di, Mönsch, de Makrel biet, Mönsch, nu warr dat Tied!"

Er fingerte aus der Backskiste kleine, bootsförmige Schwimmkörper heraus, die er „Parrafanz" nannte und hinter denen an starken Sehnen kleine Makrelenblinker wie Patentlogs achteraus wirbelten.

„Dor biet de Makrel op", sagte er zu Gustaf, und er erklärte ihm die Wirkungsweise der lustigen, grauen Makrelenschlitten. Gustaf schüttelte sein greises Haupt. Nee, das glaubte er nicht. Was sollte ausgerechnet die klugen, schnellen Makrelen dazu verleiten, auf solche dummerhaftigen Blechdinger zu beißen?

Aber schon dampfte Willem aus dem Hafen. Die Paravans schoren in seinem Kielwasser seitlich aus wie die Ottern eines Minensuchbootes. Gustaf sah ihm mit zweifelnder Mißbilligung nach.

Am nächsten Morgen kam Willem zeitig vom Fang zurück. Stolz schwenkte er einen großen Sack und winkte den Muttis im Hafen zu. 43 Makrelen hatte er innerhalb kurzer Zeit gefangen. Er war direkt in einen Schwarm hineingelaufen.

„De Beester worn rein doll op de Parrafanz", erklärte er dem skeptisch lauschenden Gustaf. Frieda kriegte von dem Segen sechs Stück ab. Zum Mittag gab es in dänischer Butter gebratene Makrelenfilets. Julchen schmatzte. D a s war eine Fischmahlzeit — endlich mal „Fisch satt" — und nicht diese spillerigen Aaljünglinge oder die Miniaturbutts, die es sonst gab!

„D u kannst so etwas jedenfalls nicht", sagte die Kapitäneuse spitz zu Gustaf, als sie die Reste der Butter mit einem Stück Weißbrot sauber vom Tellerrand wischte. Gustaf fiel keine passende Entgegnung ein. Wozu auch? Angeln war eben Quatsch und damit basta. Und er war Segler und kein Fischhändler. Aber auch Julchen gab wie üblich ihren Senf dazu:

„Vati, die Jungs (die Jungs, die Jungs, welche Jungs, etwa die strohköpfigen Bengels von gegenüber?), die Jungs sagen, Makrelenfangen ist ganz einfach."

„Halt den Mund, Juliane!", bremste Frieda vorsichtig ab, denn sie sah, daß dunkle Wolken sich anschickten, Gustafs Stirn zu verdüstern, „laß man, Kind, Vater weiß schon, warum er keine Fische fangen mag. Und wer soll sie denn auch totmachen. Du etwa?"

„Fangen m a g ist gut", kicherte Julchen, „ er k a n n man nicht."

So — da waren sie wieder, diese häßlichen, nagenden Zweifel an der unumstößlichen Autorität des Kapitäns. Ein Kapitän hatte a l l e s zu können. Wer steckte denn nachts die Leinen um, wenn die SINDBAD bei aufkommendem Wetter in der Dünung bumste? Wer schleppte den Wasserkanister meilenweit? Und wer verstand sich auf die schwierigen Methoden, mit dem ewig bockenden Motor fertig zu werden? Immer der Kapitän — nie das dumme Weibervolk, das nicht ein-

43

mal imstande war, einen Anker zünftig auszufahren oder ein Reff kunstgerecht einzubinden. Und so ein Universalgenie sollte keine lumpigen Makrelen fangen können? Einfach lächerlich!

Schicksal, nimm deinen Lauf! Mittags steht Gustaf vor Kaufmann Nissens Laden mit dem kunstvoll gemalten Blechschild „ISENKRAM". Im Fenster liegen massenhaft merkwürdige und ihm völlig unbekannte Angelgerätschaften: Kleine rot-weiße Schwimmkörper, die wie Spierentonnen aussehen; grünblau schillernde Schmeißfliegen aus Kunststoff; Blinker jeder Art und Größe in Messing, Chrom, bemalt und aus einfachem Blech. Dazu gibt es Haken von der Größe einer Haifischangel bis zum Häkchen für Stichlinge oder Aquariumgubbies. Einfache, doppelte, dreischäftige Haken aus blauem Stahl, weißem Eisen, verzinkt und naturell. Leinen, Schnüre, Korken, Angelruten und Netzwerk. Gustaf wird ganz wirr im Kopf; aber er geht hinein.

„Parrafanz", sagt er in fließendem Dänisch. Kaufmann Nissen packt mehrere Modelle vor ihm auf den Ladentisch. Da sind welche, die aussehen wie kleine Rochen in Segelstellung, andere ähneln Auslegerkanus, und wieder andere haben die Form eines aufgeblasenen Kugelfisches mit dem Leitwerk einer Fliegerbombe.

„Was wollen Szie fisken?" fragt Herr Nissen Gustaf in geschäftstüchtigem Deutsch, als er sieht, daß der Kunde keine Ahnung von diesem Sport hat.

„Ooch", sagt Gustaf, „was fängt man denn hier so? Vielleicht Makrelen?"

„Jo", sagt Herr Nissen, „Makreler, dasz isz jetzt die richtigen Szeit szu fisken. Dann muszt diese Paravan nehmen. Ein richtiger Makreler-Szlitten — speziell für unser Szund. Macht mit Sznur tolvkronertyve. Ein ganz feine Paravan."

Gustaf erscheint mit der Fliegerbombe an Bord. Er trägt sie in einem Karton verpackt unter der Öljacke. Niemand soll es sehen. Auch Frieda und Julchen nicht. Erst auf See will er das Ding auspacken — so ganz beiläufig und natürlich als Geschenk für Julchen; denn nie hätte Gustaf zugegeben, daß er seine Prinzipien derart schnöde verraten habe.

Am nächsten Morgen läuft die SINDBAD aus nach Middelfart. Der Wind ist dünn, und SINDBAD zuckelt mit zwei bis drei Meilen Fahrt durch den Belt. Der Wind kommt gleichmäßig von achtern, und es besteht eigentlich kein Grund mehr, das Auspakken des Paravans noch weiter hinauszuschieben. Was hatte Willem ihm gesagt? „Du mußt auf die Möwen achten. Wo die Möwen auf das Wasser niederstoßen, springt der Hering. Und wo der Hering springt, sind Makrelen in der Nähe, die den Hering an die Oberfläche jagen."

Kompliziert, denkt Gustaf, die Möwe jagt den Hering von oben, die Makrele jagt ihn von unten und ich soll zwischen dieser ganzen Jagerei die Makrelen herausfischen, wo es doch genausogut möglich ist, daß ein Hering anbeißt oder eine Möwe.

Aber seine Sorge scheint unbegründet. Es ist keine Möwe weit und breit zu sehen. Ob man es trotzdem mal versucht?

44

„Juler, lang mi mol de greune Kartong na buten."
Julchen langt.
„Was is'n das?" will sie wissen.
„Dat's'n Parrafanz", erklärt der Vater.
„Wofür nimmt man Parrafanz, Vati?"
„Tom Makrelenfischen, du Dösbaddel!"
Da ist es heraus.
„Auweih, Mamma", schreit Julchen, „Vati will Makrelen angeln! Heut gibt's bei uns Fisch zum Abendbrot. Die Jungs sagen.."
„Nu holl man fix dien Mul."
Gustaf studiert die Aufschrift auf dem grünen Karton. Sie ist in drei Sprachen aufgedruckt, dänisch, englisch und schwedisch.
„Vati, kannst du das denn lesen?"
Die Tatsache, daß auf dem Karton auch ein hübsches Bild ist, enthebt Gustaf einer peinlichen Antwort auf diese Frage. Ausländische Bilder kann er allemal lesen.
Er knotet — getreu der Vorlage — den Blinker an den Paravan und befestigt den Apparat an fünfzig Metern fester grüner Sehne. Dann fiert er das Gerät vorsichtig außenbords. Die Sehne kommt steif, der Paravan schert seitlich aus und stellt sich auf Tiefe. Hinter seinem Leitwerk schleppt er an kurzer Sehne einen blitzenden Makrelenhaken.
Willem hatte gesagt, wenn ein Fisch beißt, springt der Paravan aus dem Wasser. Vorläufig springt nichts. Kein Paravan und kein Fisch. Und auch die Möwen glänzen durch Abwesenheit.
Nach zehn Minuten springt noch immer nichts. Auch nach zwanzig Minuten ist das Meer hinter der SINDBAD so glatt

wie Julchens Puddingteller, nachdem sie ihn sauber abgeleckt hat.
SINDBAD bummelt raumschots nach Norden. Der bläuliche Qualm aus Gustafs Zigarre begleitet das Schiff eine Weile und zieht dann als leichtes Gekräusel über das Vorschiff ab nach Middelfart. Er hat es eiliger als die SINDBAD, nach dort zu kommen. Er wittert Land.
„Ein Fisch, Vati, ein Fisch!" brüllt Julchen da auf einmal lauthals in das friedliche Idyll. Ihr Schrei zerreißt Gustafs behagliche Ruhestunde und dreht ihm mit einem heftigen Ruck das Gesicht nach rückwärts: Der Paravan schaukelt mit kurzen, trägen Sprüngen an der Wasseroberfläche.
Gustaf wirft seine Zigarre über Bord. Jetzt heißt es wachsam sein. Hand über Hand holt er die Sehne ein, bis der Paravan längsseit kommt. Aber es hängt kein Fisch dran und auch sonst nichts Eßbares. Es ist Kraut, dickes, grünes, ordinäres Seekraut, das sich vor den Schwimmer gesetzt hat.
Gustaf entfernt es gelassen; er hat ja gleich gesagt, die Sache mit dem Parrafanz sei Schwindel. Dann fiert er den Schlitten langsam, ganz langsam wieder achteraus.
Es ist 13.00 Uhr, Zeit für die Mittagsnachrichten und den Wetterbericht. Gustaf will gerade unter Deck, um das Radio einzuschalten, da ruckt die Sehne mehrmals hart ein. Der Paravan springt wie ein Fliegender Fisch in die Luft und tanzt aufgeregt hinter der SINDBAD auf dem Wasser. Julchen kreischt vor Freude:

45

„Mutti, Muttiiih, jetzt hat einer angebissen!"
Gustaf holt vorsichtig die Schnur ein. Nur jetzt keinen Fehler machen! Zehn Meter hinter dem tanzenden Paravan schäumt der Wasserspiegel von den peitschenden Schlägen einer Schwanzflosse. Ein Fisch hat gebissen! Und es muß ein großer Fisch sein: Gustaf braucht ordentlich Kraft, um den sich wie verbissen wehrenden Burschen an Deck zu holen. Der Fisch schnellt hoch aus dem Wasser, zuckt seinen starken, geschmeidigen Leib zur Seite und versucht zu tauchen.
„Eine Pütz, Mutter, schnell!"
Frieda erscheint mit dem Eimer. Drei Köpfe beugen sich über die Reling, um zu sehen, was sich da abspielt.
Mit einem Schwung holt Gustaf den Fisch ins Cockpit: Eine riesige Makrele zappelt zwischen seinen Füßen. Sie ist wohl anderthalb Fuß lang, ein herrliches Exemplar, stahlblau mit schwarzen Ringen über dem festen, starken Rumpf. Der schneeweiße Bauch blitzt in der Sonne, wenn sie sich mit gewaltigen Schlägen des Schwanzes auf die Seite wirft. Gustaf setzt den Fuß auf ihren Körper, um die zappelnde Gelenkigkeit zur Ruhe zu bringen.
„Pfui, Vati, du trittst sie ja!"
Und auch Frieda erbost sich: „So ein Grobian, du tust ihr ja weh!"
Gustaf hat ihr den Haken aus dem weit aufgerissenen Maul entfernt. Er ist nicht sehr geschickt dabei vorgegangen, der Gustaf, und etwas Blut sickert aus dem Maul des Fisches. Dann lockert er den Tritt sei-

nes Bootsschuhs. Die Makrele liegt ruhig auf den Bodenbrettern. Sie blutet am Maul. Frieda und Julchen jammern: Der arme Fisch! Und der grobe Vati hat ihm so wehgetan! Wie schön sieht er aus (der Fisch)! Er hat richtig ausdrucksvolle Augen (der Fisch), mit denen er voller Angst auf den Unhold (Vati) starrt, der ihn roh aus seinem nassen Element gezerrt hat. Und nun blutet er am Maul (der Fisch)! So eine Gemeinheit!
Das ist mal wieder so eine Autoritätskrise. Ein richtiger Kapitän hätte das Kappmesser aus der Hosentasche gezogen, dem blöden Fisch den Kopf abgeschnitten und den Bauch aufgeschlitzt. Die Weiber immer mit ihrem Getue! Ein Fisch ist ein Fisch, und seine Bestimmung ist es, nicht bedauert, sondern gebraten zu werden. Aber die Hand, die schon auf dem Weg zur Hosentasche ist, zuckt zurück. Irgend etwas in Friedas und Julchens Gesichtsausdruck deutet darauf hin, daß die Autorität so oder so angeknaxt ist. Der Fisch hat ihn bereits zum Mörder gestempelt, bevor er überhaupt Gelegenheit gehabt hat, einen Mord zu begehen. Jetzt kann nur noch ein rührender Beweis menschlicher Größe den schiefhängenden Haussegen wieder geraderücken.
Frieda und Julchen sehen ängstlich ihren Skipper an; die Makrele sieht Gustaf an. Es ist ein wahrer Rausch an Emotionen, der sich über den verschüchterten Fisch zu Gustafs Füßen ergießt.
Dann packt Gustafs schwielige Faust das stahlblaue Tier und hebt es in die Luft. Die Makrele will ihre Unterwürfigkeit

46

beweisen, indem sie sich in Gustafs Hand ganz ruhig verhält. (Nur den großen Kerl nicht reizen!) Ihr Blick hat direkt etwas Demütiges bekommen.

„Dor — nu swemm", sagt Gustaf, und er wirft die Makrele in die See zurück. Julchen fällt dem Vater jubelnd um den Hals, und auch Frieda lobt seine Menschlichkeit und Güte. Vater ist doch ein nobler Charakter!

Gustaf, der noble Charakter, packt den Paravan und das dazugehörige Getüdel in die Backskiste, auf deren geschlossenen Deckel er sich setzt.

Dann zündet er sich eine neue Zigarre an und denkt, während die SINDBAD träge nach Norden dümpelt, über die seltsamen und unverständlichen Regungen der menschlichen — insbesondere jedoch der weiblichen — Seele nach.

Die Tolltang

Während der Zollmensch des kleinen Inselhafens Klintsö unbeholfen seine stakigen Stelzen über die Seereling hob, um an Bord zu steigen, machte es „plumps". Was war d a s ? Aber da schrie der Weißbemützte schon lauthals:
„Min Tolltang, min Tolltang!"
„Ooch —" versuchten die Segler ihn zu beruhigen, „die brauchst du heute ja doch nicht mehr. Und morgen fischen wir sie dir aus dem Wasser."
Doch der Zöllner hörte gar nicht hin. An der Reling der SINDBAD kniend, streckte er den Oberkörper vor und starrte in das dunkle Hafenwasser, wobei er mit bebender Unterlippe „Min Tolltang, min Tolltang!" vor sich hinmurmelte.
Gustaf wußte Rat. Er fischte aus der „Kreef" — dem mit Takelzeug gefüllten Leinwandbeutel — einen dreizackigen Suchhaken, mit dem er schon Siegelringe, Armbanduhren und einmal sogar eine Zahnprothese aus dem Teich geholt hatte.

Der Hafen war hier nicht tief, zwei bis zweieinhalb Meter höchstens. Eigentlich mußte man die Zange auf dem Grund sehen können. Sie stierten auf das Wasser, als könnten sie mit Röntgenaugen das Schwarz der Tiefe durchdringen.
„Da ligger dä — da, da ... " schrie der Zöllner plötzlich und riß Gustaf die Suchangel aus der Hand. Tatsächlich, es schien, als ob auf dem Grund ein heller Fleck blinkte. Aber so oft der Zöllner den Haken auch auswarf, gelang es ihm doch nicht, die Zange aufzupicken. Wenn der helle Fleck überhaupt die Zange war.
Sie begannen nun — verspielt, wie Männer sind —, technisches Interesse an dem Fall zu entwickeln: Wenn man die Zange auf dem Grund nicht erkennen konnte, war es dort unten zu dunkel. Also mußte der Grund beleuchtet werden. Heini holte seinen Suchscheinwerfer, aber der machte nur einen weißen Fleck auf dem Wasser,

sonst nichts. Außerdem war es für einen Scheinwerfereinsatz draußen noch zu hell. Gustaf bastelte derweilen einen überlangen Pekhaken, indem er den Bootshaken an den Dweilstiel laschte. Der Zöllner fischte voller Eifer — wenn auch ohne Erfolg — mit der Suchangel.
Es war tragisch.
Über all diesen Manipulationen brach schließlich doch die Dämmerung herein, und es war an der Zeit, die Fischerei entweder bis zum Sonnenaufgang auszusetzen oder sie nunmehr systematisch und mit wissenschaftlicher Akribie zu betreiben. Gustaf sprach sich für das erstere aus, aber der Zöllner erhob Protest. Heini strahlte erneut das Wasser an. Der Effekt blieb der gleiche: ein heller Fleck auf dem dunklen Untergrund des Hafens. Gustaf entsann sich, auf einer Postkarte von Capri die Fischer mit komischen Periskopen gesehen zu haben, mit denen sich die Gegend unter Wasser gut beobachten ließ. Das war's! Er band den Linoleumläufer aus der Kajüte zu einer Röhre zusammen, in deren oberen Teil er seinen Kopf steckte und deren unteres Ende er ins Wasser stippte. Heureka! Jetzt Scheinwerfer von links und Pekhaken von rechts. Ja, das war deutsche Organisation!

Doch da fegte auf fürchterlich klapperndem Fahrrad ein weibliches Wesen undefinierbaren Alters um die Ecke und bremste quietschend auf der Pier. Ei der Daus! Ob das gar die Frau Zöllnerin war? Nach kurzem, keifendem Wortwechsel zwischen den beiden bestand bei Gustaf kein Zweifel mehr: sie **w a r** es.

„Wat wull din fruen?" fragte er den Weißbemützten.

„Go home, hjemme, spiser" — der Zöllner deutete mit den Fingern die Bewegung des Essens an. Heini machte den vernünftigen Vorschlag, er sollte mit seiner Frau „spiser" gehen. Sie würden derweilen nach der Zange fischen. Aber der Zöllner schüttelte traurig den Kopf, so ginge es nicht. Und als die Frau immer noch moserte, blaffte er sie an, sie sollte sich nach Hause (oder sonstwohin) scheren, er hätte hier dienstlich zu tun. Basta! Klappernd entfernte sich die Dame.

Die Männer begaben sich wieder an die Arbeit. Obgleich es nicht an fachkundigen Ratschlägen der Zuschauer fehlte, obgleich die drei auf der SINDBAD sich alle erdenkliche Mühe gaben, obgleich die eingesetzten technischen Mittel vorzüglich konstruiert und voll geeignet waren — die Zange löste sich nicht vom Grund. Das einzige, was passierte, war, daß sie durch das ewige Umdrehen und Anstoßen allmählich halb im schlammigen Hafengrund versackt und dadurch kaum noch zu sehen war.

Nein, sie mußten eine Pause einlegen, eine Zigarette rauchen und „Skol" sagen. Und nachdenken.

„Hör mal", sagte Gustaf zum Zöllner, „wie wär's, wenn du nach der Zange tauchen würdest? Wir leuchten von oben."

„Nej, nej — nix swemmer, nur fisker!"

Na, denn nicht. Darauf fragte der Zöllner ihn, ob er nicht tauchen wollte. Sie seien doch Freunde. Sozusagen. Gustaf hatte

Mühe, ernst zu bleiben, als er ablehnte: „Jeg kan ikke swemmer."

Ja, dann mußte man also weiterfischen. Bei diesen mannigfachen Versuchen, die Amtsinsignien des Zollmenschen zu retten und damit dessen Diensthoheit wiederherzustellen, war es spät geworden. Es mochte auf Mitternacht gehen, als Gustaf einen letzten Versuch wagte. An die Spitze des Bootshakens laschte er den Griff einer kleinen Kasserolle, die Frieda für gewöhnlich zum Warmmachen der Milch und zum Eierkochen benutzte. Wenn es mit diesem Schaufelbagger auch nicht gelang, machte er für heute Schluß mit der dämlichen Sucherei.

Der Blechpott wurde in die Tiefe gesenkt. Er wirbelte mächtige Schlammwolken auf, und man konnte die Zange nur noch an dem metallischen Widerstand spüren, den sie im weichen Grund bot. Vorsichtig schaufelte Gustav die Kasserolle unter die Zange. Langsam — jetzt etwas nach links und einen Stein beiseite geschoben — halt, nun nach rechts und einen kleinen Schubs. Ahh — der Topf hatte sich bewährt; die Zange lag drin.

Nun vorsichtig anlüften! Die Stange immer schön senkrecht halten — man wußte ja nicht, wohin die Öffnung des Topfes zeigte. Langsam, Hand über Hand, Zentimeter um Zentimeter hieven.

Drei Köpfe starrten über die Reling, ein halbes Dutzend von der Pier. Jede Sekunde mußte die Zange an der Wasseroberfläche auftauchen. Auch die Zöllnerin war wieder auf der Brücke erschienen. Gustaf hatte sie nicht kommen sehen; er war viel zu sehr mit seiner Baggerei beschäftigt, aber ihr Schutzblech hatte so eindeutig geklappert, daß es niemand anderes sein konnte. Jetzt holte er zum letzten, entscheidenden Hub aus. Drei Meter hoch ragten die zusammengebundenen Rundhölzer in die Luft. Gustaf machte eine kleine Drehung — he, was war das? Die Nock des hoch in die Luft gereckten Dweilstiels hatte sich mit dem Backstag vertörnt. Der Topf machte eine Drehung. Halt! Man sah es gerade noch blitzen — aber da hatte die Zange sich bereits auf und davon gemacht.

An Land lachte man lauthals und roh. Nun sei aber endgültig Schluß, keifte die Zöllnerin, morgen sei auch ein Tag, und der Mann solle jetzt gefälligst schlafen gehen. Sie schüttelte sogar drohend eine Faust gegen Gustaf und kreischte etwas, das so ähnlich klang wie „gamle Tysker" und „Snaps".

Es half wirklich nichts. Der Zöllner mußte mit. Sie tranken einen Letzten zum Abschied und drückten sich brüderlich die Hand. „Mange tüsend takk! Bis morgen!" Morgen wollte man weitersuchen.

Gustaf und Heini saßen noch eine Weile im Cockpit, dann gingen auch sie schlafen. Die Nacht zog ihren Bettzipfel über Zöllner, Segler und Plombenzangen, über Gerechte und Ungerechte.

Am nächsten Morgen purrte Gustaf Julchen zeitig aus den Federn. Noch vor dem Kaffee mußte sie sich mit Tauchermaske und Flossen bewaffnen. Dann rammte Gustaf die Pekhakenspitze in den Hafenschlamm, und Julchen glitt daran in die Tiefe. Es dauerte keine zehn Sekunden, da war sie wieder oben. Die Zange hielt sie in der rechten Hand. Gustaf wischte sie mit einem Lappen trocken. Dann legte er sie auf die Pier. Es war eine schwere, verchromte Plombenzange mit der königlichen Krone auf den Stempelplatten. Gustaf blickte sie liebevoll an.

Dann schlug er die Segel an und machte die SINDBAD klar zum Auslaufen. Das Wetter war schön, und er wollte weiter. Was sollte er hier auch noch?

Da quietschte der Zöllner um die Ecke: „Hello!" — „Hallo!"

Er trug ein Lasso über der Schulter mit einem Gewicht dran. Gustaf mußte lachen. Wollte der Mensch denn Kamine fegen? Er wies mit dem Finger auf die Pier, wo die Zange in der Morgensonne prangte.

Ein verklärtes Leuchten ging über des Zöllners Gesicht. „Min Tolltang!" Er wollte gar nicht wissen, wie Gustaf das fertiggebracht hatte. Er blickte nur glückselig lächelnd seine Zange an. Nun könnten sie ja verzollen, meinte er, und er wollte wissen, was für zollpflichtige Waren an Bord wären.

Aber da hatte Gustaf schon die Vorleinen losgemacht und den Motor angeworfen. Der Zöllner drückte von der Pier aus Gustafs Hand, als wolle er sie ewig festhalten. Waren sie nicht Freunde geworden durch gemeinsamen Kummer und gemeinsames Leid!

Als er hinter der SINDBAD herwinkte, blinkte in seiner Hand die Zollzange mit der königlichen Krone.

51

Leitbilder

Wie alle Wasserfanatiker war auch Gustaf auf ständiger Suche nach maritimen Leitbildern. Schon Julchens wegen. Da aber Benjamin Raule, Prinz Heinrich und Gorch Fock von der Marine gepachtet waren und Kapitän Kirchheiß nebst Graf Luckner von der Handelsschiffahrt, hielt er sich an Jimmy als sein privates seglerisches Idol.

Jimmy war ein toller Hecht. Gustaf hatte mit ihm vor Jahren auf der ORTRUD *Sjaelland-Rundt* gesegelt und zweimal das Aal-Rennen nach Eckernförde. Die ORTRUD gehörte dem Verein *Nordsee,* und Jimmy war ihr jugendlicher Skipper. Sie war ein alter, nasser Kasten, der aber sagenhafte Höhe lief, wenn er von den jungen Leuten unbarmherzig aufs Ohr gelegt wurde. Für Gustaf war das immer ein Stich ins Herz, aber er machte solche Abenteuer mit, um mal „unter Menschen" zu kommen. Dauernd mit Frieda und Julchen, da wurde man ja rammdösig.

So stieg er also dann und wann bei Jimmy ein, der einen erfahrenen Wachgänger immer brauchen konnte. Und Gustaf war glücklich, daß er Julchen etwas zu erzählen hatte. Daß Jimmy dabei immer in bengalischer Beleuchtung erschien, tat seinem Nimbus keinen Abbruch. Im Gegenteil — Julchen staunte, was der Vati für tolle Freunde hatte.

Ja — Jimmy war wirklich ein toller Bursche. Er segelte fast jedes Wochenende irgendwo Regatta. Mal auf der Elbe, mal nach Helgoland, mal auf der Ostsee. Seinen Urlaub teilte er sich dementsprechend ein: zehn Tage Fastnet Race, eine Woche Helgoland, fünf Tage Skagenrennen, drei Tage Fehmarn-Rund — und was sonst gerade so anfiel.

Heiraten? — „Möönsch", sagte er lachend, als Gustaf ihn einmal danach fragte, „son großes Schiff gibt es gar nicht, wie die haben müßte, damit ich sie als Zugabe in Kauf nehme."

Nach ihrer letzten gemeinsamen Aal-Regatta blieb Jimmy eine Zeitlang vom Revier verschwunden. Als Gustaf ihn eines Tages während der Kieler Woche im Olympiahafen wiedersah, war er über das Aussehen des Freundes erschrocken. Jimmy wirkte blaß und gealtert, er hatte Speck angesetzt und trug Schlips und Kragen.
„Ja, segelst du denn nicht?" fragte Gustaf erstaunt.
„Och, Möönsch!" sagte Jimmy. Und dann erzählte er, daß er sich in Hamburg selbständig gemacht hätte und mit Yachtbedarf handle. Messingkram, Glasenuhren und Barometer mit englischer Beschriftung. Feine Sache übrigens, ein Segler kann von solchem Zeug nie genug kriegen. Na ja, Jimmy mußte es schließlich wissen. Da Gustaf sowieso eine neue Petroleumlaterne brauchte, fuhr er eines Sonnabends nach Hamburg und besuchte Jimmy in seinem Laden am Großen Burstah. Jimmy freute sich sehr. Er bat Gustaf nach hinten in sein Büro. Dort stieß Gustaf auf ein weibliches Wesen.
„Darf ich vorstellen — meine Frau!"
Gustaf war platt. Davon hatte Jimmy ihm ja gar nichts erzählt! Er musterte die Dame gründlich und mit eingehendem Interesse. Düwel ok, was hatte der Jimmy für einen gediegenen Geschmack! Eine schicke, gepflegte, bildhübsche Kapitäneuse hatte der Skipper sich da angelacht. Wenn das die Zugabe war, wollte Gustaf gern mal deren Schiff sehen.
Neugierig klopfte er auf den Busch: „Gnäfrau segeln doch sicher auch?" Doch die Resonanz erschien ihm dünn. Es war kein Ja und kein Nein — mehr so eine Art „Lain".
Jimmy kam ihr zur Hilfe. „Weißt du", sagte er, „man wird schließlich älter und vernünftiger, und man will ja auch mal eine Familie gründen. Und immer nur Segeln wird einem mit der Zeit auch über!"
„So, so", sagte Gustaf, „na, denn prost!" Und dann verließ er hastig den Laden und bestieg den Zug nach Kiel. Jimmy hatte ihm gar nicht gefallen, das Foine stand ihm schlecht. Wo war der strahlende Jimmy geblieben, der ihm nach zehnstündigem Rudertörn vor Gilleleje auf die Schulter gehauen und gerufen hatte: „Möönsch, Justaff, an Bord muß ich segeln. Pennen kann ich zu Haus!"
Ob er nun zu Hause zum Schlafen kam?

Zwei Jahre waren seitdem vergangen. Kurz vor dem Start zum Fehmarn-Rennen lief ihm Jimmy über den Weg. Ein strahlender und gebräunter Jimmy.
„Altes Haus, wie geht's, wie steht's?"
„Möönsch, prima!"
Nach dem Fehmarn-Törn wollte Jimmy mit dem Neubau seines Vereins zuerst Gotland-Runt mitmachen und dann nach Finnland rüber. Ob Gustaf nicht mitwollte — er brauchte dringend einen guten Wachführer.
„Ach, weißt du...", sagte Gustaf, der es eilig hatte, weil Frieda an Bord auf ihn wartete, „Regatten mit Frauen..."
„Wieso Frauen?" Jimmy sah Gustaf erstaunt an.
Gustaf würgte es in der Kehle, es mußte

53

heraus: „Ist deine Frau denn nicht mit? Oder hast du vom Familienleben Urlaub genommen?"
„Ooch das..." sagte Jimmy, „das ist längst aus."
„Was —" fragte Gustaf, „du bist nicht mehr...?"
„Nee, Möönsch, dauernd an Land, da wird man ja verrückt!"

„Aber Jimmy", wagte Gustaf einen bescheidenen Einwand, „weshalb hast du denn überhaupt geheiratet?"
„Na, nun weiß ich doch wenigstens, wie es ist, wenn man mit einer schönen Frau verheiratet ist."
„... verheiratet war", berichtigte Gustaf ihn.
„Ja", sagte Jimmy ernsthaft, „verheiratet war."
Damit trennten sich ihre Wege. Jimmy segelte ab nach Finnland oder Gotland, und Gustaf ging zur SINDBAD, wo seine Besatzung auf ihn wartete.
„Wo bleibst du denn bloß so lange?" empfing Frieda ihn ungnädig.
„Ich habe Jimmy getroffen."
„Ach nee", sagte Frieda giftig, „lebt der auch noch? War er wieder betrunken?"
„Pfui, Mutti!" fauchte Julchen sie an.
„Onkel Jimmy ist doch Vatis Freund. Was macht er denn? Wann segelt ihr wieder zusammen?"
Gustaf schüttelte den Kopf. Er mußte nachdenken über die Zufälle des menschlichen Lebens. Und über die Fragwürdigkeit von Idolen schlechthin. Dann strich er Julchen verstohlen über den Flachskopf und sagte leise, damit Frieda es nicht hören konnte:
„Laß gut sein, Jule — Vater segelt jetzt nur noch mit euch!"

Die Regatta

Bei der Schaffung der Wettsegelbestimmungen hat niemand damit rechnen können, daß Gustaf sich eines Tages in das Kampfgetümmel einer Regattabahn stürzen würde. Sonst hätten die Schöpfer dieser ebenso klugen wie komplizierten Dienstvorschrift sich bestimmt etwas populärer ausgedrückt. Aber auch das hätte nicht viel geholfen, denn Gustaf liest solchen „Quatsch" grundsätzlich nicht.
Für ihn ist das Meer eine Stätte der Freiheit, wo nur solche Gesetze respektiert werden müssen, die er selbst für sinnvoll hält. Wettsegelbestimmungen fallen nicht darunter. Das ist etwas für die verrückten Dreiecksschipper, die Gustaf ohnehin nicht für voll nimmt.
Zwanzig Jahre lang hat er sich mit seiner SINDBAD um alles herumgedrückt, was auch nur im entferntesten nach Wettkampf roch. Er hat eben seine persönliche Note, mit der sich das Hasten um Sekunden und das Schielen zum Nachbarn nicht verträgt. „Laß ihm doch", pflegt er zu sagen, wenn ihn jemand überholen will. „Wenn der Liebe Gott gewollt hätte, daß ich schnell fahre, hätte er mich Flugzeugführer werden lassen."
Aber in diesem Jahr ist etwas eingetreten, was Gustaf nicht voraussehen konnte: Heini hat sich ein neues Schiff gekauft; und das Schlimme ist, daß es einen Meter länger und erheblich schneller als Gustafs olle, ehrliche SINDBAD ist. Ihm so etwas anzutun! Wo sie doch immer so gute Freunde waren!
Einige Male ist Heini ihm schon auf der Förde davongelaufen und hat ihm höhnisch einen Tampen gezeigt.
Gustaf, den das nicht zur Ruhe kommen läßt, beratschlagt mit Fiete, dem Büdelneiher, was man tun kann.
„Och", sagt Fiete, der für alles einen passenden Rat weiß, „versuch es doch mal mit 'ner großen Genua." Für einen

Freundschaftspreis von 200 DM würde er ihm so einen Vogel bauen. Natürlich weit unter den Selbstkosten, das versteht sich. Gustaf zögert ein wenig. 200 Mark sind viel Geld. Aber Fietes freundschaftlichem Angebot, das Ding „unter den Selbstkosten" zu liefern, kann er nicht widerstehen.

Vierzehn Tage später ist die Genua fertig. Ein riesengroßer Lappen aus Terylene, der rauschend durch Gustafs schwielige Fäuste gleitet. Am nächsten Sonnabend probiert Gustaf ihn heimlich auf der Hörn aus, wo ihn keiner sieht. Junge, Junge, wat löppt dat Schipp! SINDBAD ist bestimmt eine Meile schneller geworden. Nun soll Heini sehen, wo er mit seinem Dampfer bleibt!

Gustaf hat dem Freund nichts von dem neuen Segel erzählt. Er will ihn damit überraschen. Eines Tages wird er blitzartig den Lappen setzen und an dem erstaunten Heini vorbeirauschen. Der wird Augen machen!

Heini ist stolz geworden, seit er das neue Schiff hat. Ganz lässig sagt er zu Gustaf: „Zur Kieler Woche habe ich auch gemeldet. Ich habe das Schiff mit fünf KR vermessen lassen. Damit hole ich allemal einen Preis."

Kieler Woche! Ist der Kerl blöd geworden?

„Was willst du denn mit dem dicken Prahm zwischen den Drachen und Stars?" fragt ihn Gustaf. Aber es stellt sich heraus, daß Heini die Fehmarn-Regatta gemeint hat. Gustaf geht in sich. Das wäre doch mal

ein Spaß: die SINDBAD im letzten Augenblick für Fehmarn nachzumelden! Dann kommt er nicht mehr ins Programm, und Heini merkt nicht, daß die SINDBAD dabei ist. Und dann taucht er plötzlich am Start auf, setzt die Genua und donnert — husch — an Heini vorbei.

Einen Tag nach Meldeschluß geht er zur Wettfahrtleitung und fragt, ob er bei den KR-Ausgleichern noch mitmachen könne. Seine neuen Segel seien eben erst fertig geworden, daher habe er nicht früher melden können.

Der Wettfahrtleiter kennt Gustaf seit vielen Jahren. Er weiß, daß sein Meßbrief nicht vom neuesten Datum ist, doch er drückt ein Auge zu. Die Meldungen sind in diesem Jahr ohnehin dünner als sonst. „Aber die Teilnehmerlisten sind schon im Druck. Da kommst du nicht mehr hinein." „Schade", sagt Gustaf — und freut sich. Just das hatte er beabsichtigt.

Zwei Tage später blättert er im Wettfahrtprogramm. Er ärgert sich, daß er gemeldet hat. Es war wieder mal so ein übereilter Entschluß; und dann stört ihn in dem Heft auch die affige Überschrift „Fehmarn Rund", wo es doch viel schöner auf gut deutsch „Rund um Fehmarn" heißen müßte. Und vielleicht muß er den halben Weg kreuzen. Dann nützt ihm die Genua überhaupt nichts, und Heini läuft ihm wie der Deibel davon. Die anderen Schiffe interessieren ihn sowieso nicht. Er segelt nur gegen Heini. Und überhaupt — in dem Programm steht viel zu viel überflüssiges Zeug. Das ist ja eine Wissenschaft für sich. Wer soll denn den ganzen

56

Blödsinn lesen? Er, Gustaf, jedenfalls nicht. Um Fehmarn zu umschippern, braucht man schließlich keine Gebrauchsanweisung.

Eine Stunde vor dem Start, der auf 16.00 Uhr festgesetzt ist, machen Heini und Gustaf ihre Boote klar.

„Mensch, Gustaf", flachst Heini, der Gustafs Regattaabneigung kennt, „du willst doch wohl nicht etwa ‚Fehmarn' mitsegeln?"

„Ich bin doch nicht besoffen", knurrt Gustaf. „Ich will mir bloß den Start ansehen."

Und dann läßt er Heini erst mal aus dem Hafen gehen, bevor er auf der SINDBAD den Rennstander anschlägt.

Der Zeitschuß hat soeben geknallt. Gustaf hat sich von achtern an das startende Feld herangeschoben. Er ist erst beim dritten Start dran, aber das hat er nicht so richtig mitbekommen. Die Hauptsache ist, sich dicht bei Heini aufzuhalten und neben ihm über die Linie zu gehen. Dann wird er schon rechtzeitig starten.

Jetzt hat Heini ihn auch entdeckt. Er geht über Stag und legt sich neben die SINDBAD. „Mönsch, Gustaf, prima, daß du mitmachst. Gehst du rechtsrum oder linksrum?"

Rechtsrum oder linksrum? Was war das denn nun wieder für ein Quatsch. Darüber hatte er noch gar nicht nachgedacht.

„Rechtsrum", sagt er auf gut Glück, aber er hätte ebensogut „linksrum" sagen können. Das weiß er doch jetzt noch nicht! Man muß doch erst einmal sehen, was draußen mit dem Wind los ist und welchen Kurs man auf See anliegen kann! Außerdem ist es doch auch ziemlich gleichgültig, ob man rechts oder links um die Insel gondelt. Der Weg ist allemal gleich lang.

„Ich gehe links herum", ruft Heini ihm zu, „dann treffen wir uns vielleicht bei Staberhuk. Tschüs!"

Und dann kommt ihr Vorbereitungsschuß, und sie haben nur noch Augen für ihren Start. Gustaf hält sich sicher in Lee. An der Luvtonne klütern ihm zu viele herum. Und er läßt beim Startschuß auch gern den anderen den Vortritt, denn das Gedränge an der Linie macht ihn nervös. Bei „Null" geht Gustaf als letzter durch den Start. Was machen die paar Sekunden denn schon aus bei 90 Seemeilen!

Es weht mit drei Stärken aus West. Gustaf reißt die vorsorglich am Vortag aufgetuchte Genua mit einem forschen Ruck der Schot aus den Bändseln. Das Kunststoffsegel raschelt im Wind wie ein leerer Zementsack. „Oh", rufen Frieda und Julchen wie aus einem Mund, denn sie ahnten bisher nichts von der Neuerwerbung ihres sonst so geizigen Kapitäns.

„Hab ich mir geliehen, nur probeweise — hol dicht die Schot — dicht, sage ich — dichterrr", raunzt er Julchen an, die aus Leibeskräften an der Winschenkurbel dreht.

„Au, Mutti, das ist aber ein großes Segel", sagt sie ganz leise zu Frieda, die sich kopfschüttelnd unter Deck begibt.

Dann nimmt SINDBAD Fahrt auf und daddelt brav hinter dem Feld her. Einige Verrückte versuchen es unter Spinnaker,

57

aber der Wind kommt zu spitz, und die Segel fallen ein. Gustaf schiebt sich an den letzten Booten seiner Gruppe vorbei nach vorn. Bei Friedrichsort liegt er gut im Mittelfeld. Heini ist nur zwei Bootslängen voraus. Das ist so gut wie gar nichts. Diesmal wird er ihm beweisen, was in der SINDBAD steckt, sofern die nur wirklich will!
Bis Kiel Feuerschiff bleibt das Feld ziemlich geschlossen. An der Kimm sieht man die Großen, die das Feuerschiff bereits gerundet haben, auf Ostkurs gehen und unter vollen Plünnen ablaufen. Gegen 18.00 Uhr rundet auch Gustafs Gruppe das Feuerschiff. Fast alle Schiffe fallen ab und holen jetzt die großen Lappen heraus. Sie wollen offenbar sämtlich „linksherum" gehen und nehmen Kurs auf den Fehmarn-Sund.
Aber Gustaf hat sich für „rechtsherum" entschieden.
„Fahr doch mit den anderen mit, Vati", sagt Julchen, als sie merkt, daß Gustaf

einen nördlicheren Kurs steuert als die übrige Meute.

„Quatsch", sagt Gustaf, „wir haben Westenwind, da kann ich meine Genua bis Fehmarn Feuerschiff fahren. Platt vorm Laken läuft die SINDBAD sowieso nicht."
Und so trennen sich die Schiffe. Gustaf steuert raumschots auf 80 Grad den Fehmarnbelt an. Heini schippert mit der Herde vor dem Wind in Richtung Sund. Es wird sich ja zeigen, wer recht behält. Gustaf hat genug Zeit, darüber nachzudenken. Bis Fehmarn Feuerschiff sind es gut 30 Meilen, also bei dem herrschenden Wind sechs bis sieben Stunden. Die Gabelsflach-Tonne hat er noch mitgekriegt, aber gegen 21.00 Uhr wird es dunkel. Die Feuer kommen voraus in Sicht. Nur der Wind hat keine rechte Lust mehr und will sich anscheinend bald zur Ruhe begeben.
Gustaf hält sich dicht am Zwangsweg und

klüst ausdauernd Stunde um Stunde. Um 22.00 Uhr peilt er Werstermarkelsdorf querab. Eine halbe Stunde später passiert er das Feuerschiff, das er schön korrekt an Steuerbord liegen läßt. Dann schiftet er die Segel und hält auf Backbordbug auf Marienleuchte zu, denn er hofft unter der Küste auf mehr Wind.
Es ist eine schöne, klare Nacht. Die Sterne leuchten hell. Frieda brüht einen Mittelwächter auf und reicht ihm die heiße Mugg mit Kaffee aufs Brückendeck. Julchen ist aufgeregt, denn es ist ja ihre erste Regatta. Sie segelt nachts überhaupt besonders gern — im Gegensatz zu Frieda, die sich, wenn es dunkel wird, auf See grault.
Gustaf schiebt sich mit dem leichten Wind langsam auf die Insel zu. Die Küstenkonturen sind kaum auszumachen, doch die Feuer geben ihm die genaue Position. Gottseidank läuft der Strom mit. So macht SINDBAD immer noch gut und gern drei Meilen über Grund.
Hinter Ohlenburgs Huk schralt der Wind etwas. Gustaf holt die Schoten einen Pull an und hält auf die nächste Ecke, Staberhuk, zu, dessen Feuer jetzt hinter der Küstenlinie herauskommt. Gegen 01.00 Uhr hat er die Huk erst zu fassen. Er hofft, daß die „linksherum" segelnde Konkurrenz im Sund in der Flaute hängengeblieben ist. Er hätte doch sonst zumindest einen der Großen auf Gegenkurs passieren müssen! Doch die Nacht ist dunkel, und nicht jeder setzt auf nächtlichen Regatten seine vorgeschriebenen Lichter. Vielleicht machen die Großen ja auch

einen langen Kreuzschlag nach Rödby, um den Gegenstrom auszusegeln. Dann schippert man sowieso außer Sichtweite aneinander vorbei.
Unter Deck ist es still geworden. Frieda und Julchen schnarchen in ihren Kojen. Was geht sie schließlich die Regatta an! Schlimm genug, daß der Schipper Freude daran findet, nachts im Fehmarnbelt herumzuklüsen. Nun gut, soll er! Aber dann soll er auch allein an Deck sitzen.
Gegen 03.00 Uhr geht Gustaf bei Staberhuk um die Ecke. Jetzt hat er den Wind (oder das, was man so als „Wind" bezeichnet) von vorn. Wind ist es ja eigentlich nicht. Eher Flaute. Aber SINDBAD macht immer noch so viel Fahrt durchs Wasser, daß Gustaf eben Ruder im Schiff behält.
Er geht so hoch ran, wie es die Genua zuläßt, aber viel Höhe macht er nicht. Die SINDBAD ist bei leichten Winden schon unter der Fock leegierig — jetzt mit der großen Genua muß Gustaf hart Ruder legen, um die Nase vorn zu behalten. Doch es wird ja bald schummrig werden, dann kann er das Vorsegel auswechseln und mit dem ersten Büchsenlicht durch den Sund kreuzen.
Um halb vier wird es hell. Gustaf purrt Frieda aus der Horizontalen und setzt sie ans Ruder, damit er in Ruhe die Fock anschlagen kann. Es ist gegen seine Grundsätze, die Frauen ans Ruder zu lassen, aber was soll er machen.
Frieda ist gereizt und quarrt: „Ob ich hier nun sitze oder nicht! Is ja doch kein Wind. Überhaupt, son Unsinn, sich die

Nacht um die Ohren zu schlagen. Die anderen sind sicher längst im Hafen." Die anderen? Ja was war eigentlich mit den anderen? Gustaf sieht sich um. Der Sund ist wie ausgefegt, und achteraus bei Staberhuk kann er auch kein Segel entdecken. Selbst nicht mit dem Kieker, mit dem er jetzt suchend den Horizont abtastet. Hm. Er tröstet sich; irgendwo müssen sie ja sein.
Der Strom setzt ihn rascher achteraus, als die SINDBAD an Höhe gutmachen kann. Bereits dreimal ist er auf dem Steuerbordschlag an der Fährhafenpier gelandet, ohne auch nur einen Meter vorausgekommen zu sein. Und auch der Streckbug auf Backbord bringt nicht recht was. Gustaf braucht eine Stunde, um sich durch die Enge zu schummeln. (Die große Brücke gab es damals noch nicht.)
Bei Sonnenaufgang ist der Wind ganz weg. Wie fortgezaubert. Während SINDBAD auf der Stelle triesselt, ärgert sich der Schipper mit dem ewig backstehenden Vorsegel herum. Flaute von vorn, das hat ihm gerade noch gefehlt. Nun kann er sehen, wie er aus dem verflixten Loch herauskommt.
Strukkamphuk liegt gut achteraus. Die Orther Bucht blinkt einladend zu Gustaf hinüber. Aber er ist eisern, er segelt schließlich Regatta. Und nach Orth kann er auch ein anderes Mal segeln.
Er hat jetzt fast zwölf Stunden am Ruder gesessen und ist ziemlich *groggy*. Doch das würde er natürlich niemals zugeben, denn er ist ja Gustaf. An der Sund-Ansteuerungstonne setzt er Julchen

ans Ruder, um die Muskulatur ein wenig zu entspannen. Julchen ist sprachlos, so etwas war noch nie da.

„Steuere immer schön hoch am Wind, mein Deern", sagt Gustaf, „und laß dich durch nichts ablenken."
Viel passieren kann sowieso nicht, denn SINDBAD macht kaum eine Meile Fahrt.
Es ist Frühstückszeit. Frieda klappert in der Kombüse. Die Segel hängen schlaff auf und nieder, und das Schiff bewegt sich träge in der silbergrauen Dünung. Es wird warm.
Julchen — ganz stolzer Rudergänger — kaut ihre Marmeladenschnitte. Sie findet alles schön. „Du, Vati", kräht sie plötzlich und weist mit dem Brot in der Hand nach Norden, „da hinten ist das Wasser ganz blau. Ob da Wind ist?"
„Quatsch", sagt Gustaf ostentativ und schnarcht den Moses an, „guck nicht in der Weltgeschichte umher, sondern achte lieber auf deinen Kurs."
Er wirft einen knappen Blick — rein zufällig — an der weißen Küste des Flügge-Sand entlang nach Norden. Tatsächlich — da oben hat der Belt eine tintenblaue Färbung angenommen, wie sie gemeinhin nur bei Wind anzutreffen ist.
„Da segeln ja auch welche", ruft Julchen, die sich das Zurseiteschielen nicht verkneifen kann.
Gustaf langt sich den Kieker vom Haken. Was er in zehnfacher Vergrößerung sieht, läßt ihn noch schweigsamer werden, als er ohnehin schon ist: Da oben im Belt segeln zwei Yachten in rascher Fahrt nach Westen. Sie haben raumen Wind, und ihre

Segel sind prall gefüllt. Man sieht, wie sie in der von achtern auflaufenden See kleine Verbeugungen machen. Es kann kein Irrtum sein — da oben weht der Nordost.
Gustaf sieht sich auf dem blanken Teich um, in dem die SINDBAD schwimmt. Kein Fatz Wind und auch keine Aussicht, daß sich dies bald ändern wird.
„Vielleicht wärst du doch besser linksherum gegangen", mischt sich Frieda überflüssigerweise ein.
Gustaf dämmert selbst so etwas, aber er hört es nicht gern von anderen Leuten. Schon gar nicht von Frieda, die doch wirklich keine Ahnung von der Seefahrt hat. Wenn das da oben richtiger Nordost ist, dann kann er hier in der Hohwachter Bucht einpacken. Dann sind selbst die lahmsten Krähen des Regattafeldes heute morgen mit achterlichem Wind vom Fehmarn Feuerschiff aus nach Kiel gebraust. Und er hockt hier in der Flaute und dreht Däumchen. „Es ist zum . . . "
„Aber Gustaf", sagt Frieda, „denk doch an das Kind!"
Eine Stunde wird er noch warten. Vielleicht setzt sich der Nordost ja auch hier durch. Er glaubt es selbst nicht, aber man kann es ja nicht wissen.
Nach einer Stunde weiß er es. Die Hohwacht Bucht liegt glasklar vor ihm; nichts deutet darauf hin, daß eine Änderung eintreten wird.
„Wie lange sollen wir hier eigentlich noch treiben?" will Frieda wissen.
Gustaf zuckt die Schultern. Der Teufel soll alle Regatten holen!

„Können wir nicht den Motor anschmei-
ßen?" meckert Julchen in ihrer Ecke.
Durch diese wirklich vorlaute Bemerkung
hat Gustaf endlich den richtigen Blitzab-
leiter gefunden. Zornig schimpft er vor
sich hin: „Diese Weiber ... unglaublich
... und mit so was soll man nun Regatta
segeln. Aber schön, wenn ihr es so haben
wollt."
Und schon ist die Hand am Starter.
„Rrrrh" macht der Motor, und die SIND-
BAD setzt sich in Bewegung.
„Prima", schreit Julchen.
Drei Stunden später, als sie querab von
Schönberg sind, brist es auf. Der Nordost
drückt von achtern mit, so daß Gustaf die
Segel auffieren kann. Nun geht es rasch
voran.
Gegen 15.00 Uhr steuert Gustaf in der
Binnenförde den Yachthafen an. Auf dem
Rasen vor dem Klubhaus sieht man unter
dem bunten Flaggenmast eine Menge fest-
lich gekleideter Menschen herumkrabbeln.
Es sieht aus, als ob dort eine Preisvertei-
lung stattfände.
Gustaf läuft in den Yachthafen ein. Heini
steigt gerade — im feierlichen Blazer mit
Klubkrawatte — von Bord seines Schiffes. Als er Gustaf sieht, dreht er sich um
und kommt zurück.
„Hallo, Gustaf", ruft er, „wo kommt i h r
denn her? Seid ihr am Nordpol gewesen?
Ich habe überall nach euch Ausschau ge-
halten, aber ihr wart ja wie vom Wasser
verschwunden."
„Hm, rrhm — Flaute gehabt", räuspert
sich Gustaf ein wenig verlegen.
„Flaute?" Heini will es nicht glauben.

„Mensch, wir hatten doch bis zum Sund
prima Westwind. Um 01.00 Uhr gingen
wir bei Staberhuk schon um die Ecke und
machten einen Schlag zur dänischen Küste.
Um 04.00 Uhr kam beim Feuerschiff der
Nordost durch, der uns in wenigen Stunden bis vor die Haustür schob. Hast du
den denn nicht abgekriegt?"
„Och — nur ganz zum Schluß ein bißchen", brummt Gustaf vor sich hin. Er
findet diese Fragerei ziemlich peinlich.
„Ja, hast du denn keinen Wetterbericht
gehört?" bohrt Heini weiter mit dem Finger in der offenen Wunde. „Der Nordost
war doch angesagt. Deshalb sind wir
doch alle ,linksherum' gegangen. Eine so
schnelle Regatta war noch nie da — um
11.00 Uhr waren wir mit Masse schon
zurück. Ich glaube, der letzte kam kurz
vor zwölf."
„Nein", sagt Gustaf, „das stimmt nicht.
Der Letzte bin ich. Und jetzt ist es fünf-
zehn Uhr dreißig."
„Na ja, immerhin gut, daß ihr da seid.
Kommst du mit zur Preisverteilung?"
Gustaf gebraucht einen Ausdruck, der
eigentlich nicht in so einen feinen Yachthafen gehört. Heini zuckt die Achseln und
geht allein zum Flaggenmast.
Am Abend prangt am Schwarzen Brett
des Seglervereins ein weißer Zettel:

Prima Genua
wie neu, da nur einmal gebraucht,
umständehalber für nur DM 180,—
abzugeben.

Gustaf

Heißes Wochenende

Gustaf hatte es gut gemeint. Zu all dem brennbaren Zeug an Bord war nun auch noch der Motor gekommen. Da mußte doch ein Feuerlöscher her! Wenn es mal brennen sollte.
„Dat Speeltüch smiet man glieks wech!" sagte Heini und wies mit dem ausgestreckten Zeigefinger auf die beiden winzigen Auto-Sprühdosen, die Gustaf in einer Halterung neben dem Motor montiert hatte.
Heini war unerbittlich. Die Dosen waren „Spielzeug" und taugten nicht für ein Achtmeterschiff. Er empfahl Gustaf, doch einmal einen Sachverständigen zu fragen, welche Art Feuerlöscher für ihn angemessen sei.
Gustaf schluckte ein paarmal verdrossen, denn er dachte an die Kosten. Dann befragte er den Sachverständigen.
Das war ein Dipl.-Ing. Er hielt Gustaf einen langen Vortrag und erklärte ihm, warum das so schwer zu erklären wäre.

Er spuckte chemische Formeln um sich und murmelte etwas von Phosgenvergiftung. (Bei dem Wort „Chlorbrommethan" zuckte Gustaf zusammen. Wie der Kerl so etwas ohne Stottern aussprechen konnte!) Dann empfahl er Gustaf eine stationäre Anlage mit einem Schnee-Strahlrohr zum Motor und einer Abzweigung zur Pantry. Kombiniert mit Gasschnüffler und Thermostat. Er wolle ihm gern ein komplettes Angebot unterbreiten. Natürlich unverbindlich.
Gustaf hatte bereits bei dem Wort „Anlage" abgeschaltet. Das klang nach viel Geld. Und Geld hatte er keins. Jedenfalls nicht für solchen Quatsch. Wer hatte denn schon eine „Anlage"? Er war schließlich Segler, und der Motor war wirklich „Anlage" genug.
Um den Sachverständigen nicht zu kränken, sagte Gustaf: „Denn mok mi man dien Angebot. Aber kosten darf dat nix. Und unverbinnlich mot dat sien!"

63

Damit beendete er die wissenschaftliche Exkursion und ging daran, seine SIND-BAD für die Wochenendfahrt nach Heiligenhafen klarzumachen. Ohne Feuerlöscher. Die beiden Sprühdosen hatte er weggeworfen. Heini hatte recht — was sollte er mit solchem Spielzeug! Außerdem war der Motor doch ganz neu. Was konnte da schon viel passieren!

✳

In Heiligenhafen verlebten Gustaf und Heini ein munteres Wochenende. Bis in den späten Abend saßen sie mit ihren Sippen bei Seglerklönschnack und Exportbier an Deck der SINDBAD. Als die Kinder gähnten, wurden sie zur Koje geschickt. Julchen rumorte ein wenig im Vorschiff umher; dann hörte man ihre piepsige Stimme: „Hier vorn riecht es nach Benzin."

„Quatsch", sagte Gustaf und ging aufs Vorschiff, wo er seinen Rüssel durch die geöffnete Luke in das gemütliche Jungmädchenidyll der Vorpiek tauchte. Es roch nach Benzin.

Gustaf dachte nach. Wie kommt Benzin ins Foksel? Konnte eigentlich gar nicht sein. Er nahm sich vor, der Sache am nächsten Morgen bei Helligkeit auf den Grund zu gehen. „Laß die Luke man einen Spalt offen!" sagte er zu Julchen. Dann schnüffelte er sicherheitshalber durch das geöffnete Schiebeluk noch einmal die Luft in der Kajüte, aber da war alles sauber. Dann vergaß er Julchen, Düfte und die ihn sonst auszeichnende Vorsicht. Er widmete sich jetzt wieder Heini und

der Transitbox. Das war ja auch viel aktueller.

So gegen Mitternacht verspürte man ein unstillbares Verlangen nach einer Mugg Kaffee. Frieda verschwand in den unteren Regionen der SINDBAD, aus denen alsbald ein Klappern von Pötten und Geschirr ertönte. Kurze Zeit darauf langte sie nach draußen, um sich vom Brückendeck eine Schachtel Streichhölzer zu greifen. Niemand achtete auf sie. Heini erzählte gerade interessante Einzelheiten von seiner Strandung vor Marstal. Da passierte es. Die SINDBAD explodierte.

Es war nicht wie im Film und auch nicht so, wie man sich eine Schiffs-‚Explosion' im allgemeinen vorstellt. Das Deck flog nicht in die Luft und die Mannschaft wurde nicht ins Wasser geschleudert. Es gab keinen Atomblitz und keinen Kanonenschlag. Es machte ganz einfach „bhahh" — mit dem satten Ton eines Gasbackofens, dessen Flamme man etwas zu spät angezündet hat.

Frieda schoß wie eine Rakete nach draußen: „Mein Kind!"

Gustaf und Heini brauchten nur einige Sekunden, um sich von ihrem ersten, gewaltigen Schreck zu erholen. Die Sicht in das Innere der Kajüte verwehrte eine dunkle, rußige Wolke, die dem Niedergang entquoll. Dahinter flimmerte zaghaft ein schwacher Feuerschein in der Gegend der Bodenbretter.

Frieda war schon nach vorn gestürmt, hatte Julchen mitsamt ihrem Schlafsack an Deck gezerrt und war mit der schreckensblassen Tochter an Land geklettert.

64

Ihr, die sonst bei jeder Gelegenheit schrie und kreischte, war der Angstschrei in der Kehle steckengeblieben. Und auch Julchen war derart konsterniert, daß sich ihrem kreideweißen und furchtverzerrten Gesicht kein Laut entrang. Gustaf hatte mit reaktionsschnellem Griff aus dem Heckschapp eine Zinkpütz gegriffen, schlug sie voll Wasser und schüttete den Inhalt in das Kajütluk. Heini sprang zu seinem Schiff hinüber, um einen zweiten Eimer zu holen. Unterwegs schrie er gellend in die Nacht: „Feuer . . . Hiiilfe . . . Feeuuuer!!" Rechts und links der SINDBAD knallten auf den Nachbarschiffen die Lukendeckel zurück, Köpfe tauchten auf, und besorgte Stimmen fragten, wo es brenne. Frieda hatte ihre Sprache wiedergefunden. „Hier, hier", schrie sie und zeigte mit dem ausgestreckten Arm auf ihr Schiff, welches mittlerweile wie der Schornstein eines alten Mississippidampfers zu qualmen begonnen hatte. Man hörte es in SINDBADS Eingeweiden knistern.

Der Feuerschein blinkte jetzt an einigen Stellen durch das schwärzliche Gewoge der Rauchwolken und zeigte Gustaf, wohin er den Wasserschwall der rasch gebildeten Eimerkette lenken mußte. Es waren noch keine drei Minuten vergangen, da war. der Löschdienst musterhaft organisiert. Eimer um Eimer wurde Gustaf von Land aus zugereicht, die der Käptn Schlag auf Schlag in das Innere seines Schiffes stülpte.

Doch SINDBAD hatte sich in einen Vul-

kan verwandelt, in dessen Bauch dämonische Kräfte am Werk waren, die sich heißhungrig auf alles stürzten, was Gustaf einst lieb und teuer gewesen war. Soweit es der Qualm erlaubte, sah Gustaf, wie die Flammen von den Rändern der Bodenbretter aus an den Kojenwänden emporzüngelten, die Polster erfaßten und auf die Pantry hinüberkletterten, deren Resopalplatte knackend in der Hitze zerbarst. Ein Gluthauch stemmte sich aus der Kajüte ins Freie und hinderte den Kapitän daran, seinen Kopf dem Viereck des Luks mehr als einen Meter zu nähern. Es fehlte eigentlich nur noch ein Erdbeben. Aber je mehr Wasser Gustaf in sein Schiff pumpte, desto mehr Nahrung schien das Feuer zu finden. Es war, als ob er mit dem Wasserstrahl die Flammen förmlich emporschleuderte und die bleckende Lohe in alle Ecken des Schiffes trieb. Jetzt brannte sogar die Wegerung hinter den Kojen, und das Feuer sprang von den Gardinen auf die weiße Kajütendecke über, die Gustaf erst in diesem Frühjahr mit schönem, teurem Japanlack mühsam getönt hatte.

In diesem Augenblick erschien der Skipper einer großen Hamburger Motoryacht, die am anderen Ende des Hafens festgemacht hatte. Er trug in jeder Hand einen mächtigen Feuerlöscher.

Er stieg auf die SINDBAD, schob Gustaf mit seinen Eimern beiseite, als ob er da gar nicht hingehöre, ging in Anschlag, drehte an einem Knopf und ließ . . . pffhh . . . seinem Löschapparat einen dicken weißen Schaumstrahl entweichen, den er —

65

ohne dabei ein bestimmtes Ziel anzuvisieren — in das Innere der SINDBAD richtete. Das Feuer wich zurück. Dafür wurde aber der Qualm heftiger, der sich aus SINDBADS Kajütluk in kumulierenden Ballen senkrecht in die Nacht drängte, wobei er Schwaden von Funken, Asche und Staub über die schweigende Menge am Kai streute.

Die Zuschauer merkten das nicht. So, wie sie aus den Kojen gesprungen waren, in Pyjamas, Shorts und Trainingsanzügen, standen sie neben der SINDBAD und genossen die gewaltige Schau. Wer hätte das gedacht! Daß man so etwas noch erleben würde!
Der Motormensch griff nach dem zweiten Löscher. Er teilte mit einem starken Strahl mehlartigen Nebels den Qualm und beugte sich weit vornüber, bis sein Oberkörper in den wogenden Schwaden verschwand. Dann trieb er mit seiner Spritze den Qualm vor sich her in das Innere des Schiffes und stieg in die Kajüte. Man hörte ihn heftig husten, doch der Qualm hörte auf.
Der Brand war gelöscht.
Aber wie sah die SINDBAD aus! Die Kajüte, ehedem Friedas ganzer Stolz, war angekohlt, versengt und mit handtellergroßen Brandblasen bedeckt. Der Kohlensäureschnee hatte sich mit Gustafs Wasserwogen zu einer matschigen, grauweißen Schlammschicht verbunden, die jede Stelle der Inneneinrichtung überzog. Erst als es hell wurde, war der Schaden in seinem ganzen Ausmaß zu übersehen.
Und nun trat auch die Ursache zutage: Am neuen Benzintank war die Leitung dicht neben dem Flansch gerissen, so daß trotz des geschlossenen Ventils Brennstoff ins Boot lecken konnte. Das Benzin hatte sich auf dem Bilgewasser über die ganze Bilge ausgebreitet. Während ein Teil der Dämpfe infolge der durch die offenen Luken hervorgerufenen Luftzirkulation über das Vorschiff ins Freie abgezogen war, hatte der Rest sich unter den Bodenbrettern, den Kojen und der Pantry zu einem höchst explosiven Gemisch verdichtet. Frieda brauchte jetzt nur das bewußte Zündholz anzureißen, um diese geballte Ladung in die Luft zu jagen ...

Gustaf mußte seine SINDBAD in Heiligenhafen der liebevollen Aufsicht der Wasserschutzpolizei empfehlen und sich samt seinen Trabanten für den Rückweg bei Heini einschiffen.
Immer wieder schüttelte er auf der Rückfahrt den Kopf. Frieda hätte das doch riechen müssen! Aber da kam er bei seinem Kahnweib schön an: Jetzt bekäme sie wohl gar die Schuld! Wer hätte denn seine schönen Sprühdosen weggeworfen? Sie doch nicht. Aber er schmisse ja immer alles fort und gäbe ihr dann die Schuld! Gustaf hörte nicht mehr zu. Wie sollte man einer Frau so etwas auch erklären? Zerknirscht wandte er sich an Heini. Das war sein Freund, der verstand ihn, wie sich eben nur Männer verstehen können.
„Heini", sagte er, „war ich nicht immer gegen einen Motor? Nu hebbt wi den Schiet!"
Und Heini nickte bedächtig und verständnisvoll mit dem grauen Wollschädel.
„Stimmt", sagte er, „man kann sich auf nichts mehr verlassen."
Als sie im Olympiahafen anlegten, stand der Sachverständige an der Pier. Er hatte einen Umschlag in der Hand mit dem Angebot für die Löschanlage.
Es war zum Verzweifeln!

Kampf mit den Wellen

Früher galt Gustaf unter seinesgleichen als anerkannter Wetterprophet. „Gustaf, wat gifft dat för Wedder?" fragte man ihn vorm Auslaufen. Und prompt kam, kaum daß Gustaf nach oben zu Petrus geblickt hatte, die Antwort: „De Nordost blifft" oder „Dat warr woll Schiet gewen".
Es schien, als ob Gustaf so eine Art Vetter zweiten Grades vom alten Petrus war, denn er brauchte nur in die Luft zu gukken, um immer genau zu wissen, wie das Wetter am nächsten Tag wurde.
Das ging so, bis Gustaf der allgemeinen Mode gefolgt war und sich aus zweiter Hand ein kleines Kofferradio besorgt hatte, um sich seine eigenen Ansichten über das Wetter von Fachleuten bestätigen zu lassen. Der Kasten spuckte alle möglichen Sorten von Geräuschen aus: Beatle-Geheul und Glockengeläut, Hafenkonzerte und Fußballergebnisse.

Auch den Seewetterbericht vom NDR gab er plärrend von sich. Aber es war merkwürdig — die Radiosprecher teilten häufig Gustafs Ansichten über das Wetter durchaus nicht und murmeln etwas von einem „Hochdruckkeil über Skandinavien", wenn Gustaf auf „Südwest mit Schiet" getippt hatte. Oder sie jagten ihm mit Beschwörungen rasch ostwärts ziehender Island-Tiefausläufer Angst ein, nachdem er Heini gerade verkündet hatte, der Nordost würde tagsüber durchstehen.
Natürlich, der Mann im Kasten konnte den Himmel über der Förde nicht sehen. Er war darin Gustaf gegenüber im Nachteil. Aber seine Ansichten stützten sich schließlich auf die Beobachtungen von Leuten, die ihr Geschäft studiert hatten. Und das war es, was Gustaf unsicher machte: Wissenschaft gegen Intuition. So vertraute er der Wissenschaft mehr als der eigenen Nase und blieb im Hafen, wenn der Ka-

sten ihm dazu riet — mochte die Sonne auch noch so strahlend lachen und mochte der prächtige Nordost mit noch so gleichmäßigen Flügelschlägen würzige Seeluft über die Förde fächeln.
Nachdem es ihm einige Male passiert war, daß er sonnabends unter doppelt gezurrter Regenpersenning vergeblich auf den laut Radio fest versprochenen Durchzug einer Schlechtwetterfront gewartet hatte, sprach er mit Heini darüber.
„Ach du liebe Güte", lachte Heini, „ja, wenn du auch solch blödes Zeug hörst! Die geben doch bloß die allgemeine Großwetterlage durch. Da sitzt irgend so einer im Taunus oder Schwarzwald und malt mit dem Kurvenlineal mickrige Isobaren aufs Papier. Nee, Gustaf, die einzigen Sender, die ordentliches Wetter bringen, sind die Küstenstationen Rügen, Norddeich oder Kiel Radio. Und was der eine nicht weiß, bringt der andere. Einer ist immer dabei, der günstiges Wetter macht."
Gustaf sah seinen Kasten betrübt an. Dann kaufte er sich einen teuren Grenzwellenempfänger mit 16 Kreisen, HiFi und Stereosound. Und er baute sich das Achterstag mittels vier dicker Porzellan-Isolatoren zu einer prächtigen Hochseeantenne um. Jetzt konnte er außer landwirtschaftlichen Vorträgen aus Hamburg, sakralen Handlungen aus Köln oder gelegentlicher Heulerei aus Luxemburg endlich auch das „richtige" Wetter abhören. Selbst Frieda war begeistert. So schön und deutlich hatte man die Schweinefleischpreise noch nie empfangen. Und Julchen freute sich über die Hit-Parade aus Luxemburg.

Auf der SINDBAD herrschte eitel Wonne. Gustaf konnte die Sendezeiten von Kiel Radio kaum noch erwarten. Schon eine halbe Stunde vorher drehte er an den Knöpfen. Jetzt hatte er endlich alles, wonach er sich so lange gesehnt hatte. Es war eine Lust, sich auf das Wetter zu freuen. Sagte Kiel um 09.40 Uhr gutes Wetter für das Wochenende voraus, gab es für Gustaf kein Halten mehr, obgleich jedes Kind sehen konnte, daß dicke Regenwolken über der Förde hingen. Segel angeschlagen, Leinen los. Die ersten Tropfen fielen.
An einem der nächsten Wochenende stand Schleimünde auf dem Programm. (Mal sehen, wie sich Kiel Radio aus der Entfernung machte!) Nach kurzer, glatter Überfahrt bei Westwind machte SINDBAD an der Giftbude fest. Ein Knips: herrliches Beatle-Geheul. Julchen strahlte!
„Würklich", sagte Frieda, „es lohnt eben doch, etwas mehr Geld auszugeben."
Die Nacht verging, und der Morgen

69

graute. Der Wind war auf Nordwest gegangen. Die ersten Yachten machten klar zum Auslaufen, denn die Schangs nach Kiel war günstig — wer weiß, wie lange der Nordwest durchstand. Ohne Radio wäre Gustaf auch ausgelaufen. Das war doch klar. Wer verläßt sich schon auf so einen wankelmütigen Bruder wie den Nordwest! In zwei Stunden würde man Bülk zu fassen haben, und dann konnte der Wind ruhig auf Südwest zurückkrimpen.

Aber Gustaf war jetzt Privilegierter: er hatte zu warten, bis um 09.40 Uhr der Ostseewetterbericht von Kiel Radio durchkam. Als es endlich soweit war, war der Hafen fast leer. Nur ein paar Boote lagen noch da, die nordwärts nach Sonderburg oder in den Belt wollten und deshalb auf Südwestwind warteten.

Um 09.40 Uhr lauschte Gustaf erwartungsfroh der sonoren, lässigen Seemannsstimme mit dem unverkennbar holsteinischen Tonfall:

„Hier is Kiäl Rodio, Kiäl Rodio, Kiäl Rodio. Es folcht zuneechst der Ooostseewedderbericht . . .“

Hei, das war Musik in Gustafs Ohren. Aber was dann folgte, war weniger schön. Besonders der Schluß der Durchsage ließ Gustaf zusammenzucken:

„. . . gegen Mittag zurückdrehend auf Süd bis Südwest und zunehmend. Am Abend Schauerböen.“

Schnell machten jetzt die restlichen in Schleimünde liegenden Yachten klar und verließen den Hafen mit Nordkurs. Keine halbe Stunde war vergangen, da schwab-

belte SINDBAD allein und sehr verlassen an der Pier unterhalb der Giftbude. Irgendwie hatte Gustaf falschen Tritt gefaßt. Denn er wollte doch nach Süden! Frieda war sauer. Sie merkte, daß etwas nicht stimmte, und sie spürte auch, daß es mit dem neuen, teuren Radio zusammenhängen mußte. Aber sie war ja nur ein Kahnweib. Und zudem Gustafs Frau. Also schwieg sie.

Gustaf motorte aus dem Hafen. Der Nordwest hatte sich zur Ruhe begeben. Die Sonne stach. Die Sicht war schlecht. Querab von Schönhagen kriegte ihn die erste Bö aus Südwest beim Kragen. Zehn Minuten später quirlte die See weiße Schaumköpfe über die grüne Wasserfläche. Gustaf knüppelte mit doppeltem Reff hoch am Wind im Landschutz der Schwansener Küste mitten durch das Schießgebiet.

Bis Boknis Eck marschierte die SINDBAD im glatten Wasser des Schelfs. Aber dann hatte der Wind — wie im Wetterbericht angekündigt — auf Süd gedreht, und der Stollergrund spuckte ihm vierkant zwischen die Zähne. Pfui Deubel — an diese Rückfahrt dachte Gustaf später nur mit Grausen. Ganze sieben Stunden brauchte er, bis er endlich Friedrichsort zu fassen hatte. SINDBAD troff aus allen Fugen und unter Deck war kein Stück mehr trocken. Dazu abwechselnd Regen und Gischt von unten und von oben. Frieda und Julchen spien zum Schluß nur noch grüne Galle. Es war entsetzlich.

Als Gustaf am späten Nachmittag im Hafen lag, begrüßte ihn die ganze Mahalla mit zynischem Grinsen:

„Na Gustaf, wie war die Reise? Das kommt davon, wenn man morgens nicht aus dem Hafen findet. Das Wetter konnte doch jedes Kind spüren. Dazu braucht man doch kein Radio!"
Und das mußte ausgerechnet i h m passieren! Es war, um sich in Grund und Boden zu schämen. Gustaf blickte vorwurfsvoll den beigefarbenen Knipskasten an, der mit unschuldiger Miene in seiner Halterung neben dem Niedergang hing. Nach Musik stand weder Frieda noch Julchen der Sinn.

Der Segelsommer war fast vorüber, und Gustaf hatte sich nahezu blau geärgert. Er hatte immer das falsche Wetter erwischt. Fünf schwere Gewitterböen — vom Radio nicht angesagt — hatte er auf See abgewettert, die Ferien waren unprogrammäßig verregnet, und an den wenigen Tagen, an denen die Sonne schien, war kein Wind. Das Großsegel war verspakt und die Fock II zerrissen. Frieda hatte unterwegs infolge der leidigen Feuchte ihr Rheuma bekommen und Julchen auf Omö eine heftige Sommergrippe. Und alles nur, weil Gustaf im Kampf mit den Wellen immer den kürzeren zog.
Als der Herbst kam, dämmerte er in tiefe Melancholie versunken sowie im Zustand schizophrener Bewußtseinsspaltung durch das Seglerleben. Während sein eines Ich am Radio dem über dem Grenzwellenbereich aufziehenden Islandtief voller Unruhe lauschte, trippelte sein anderes Ich nervös auf dem Steg auf und ab, um sich mit witternd emporgestreckter Spürnase des Anblicks eines mild fächelnden Azorenhochs am lokalen Fördehimmel zu erfreuen.
In den Sendepausen versuchte er traurig, die Geheimnisse des Vogelflugs im Zusammenhang mit der Wetterbildung zu deuten, wobei eine Träne aus Trauer über seinen Bruch mit Petrus über die Wange troff.

Der schäumende Mund

Mit dem letzten Hauch einer sterbenden Abendbrise hatte sich SINDBAD in eine südlich Großenbrode gelegene Bucht gemogelt. 18 Stunden hatte die Kreuzerei bei fast totaler Flaute gedauert. Morgens um 04.00 Uhr war man aus Travemünde ausgelaufen, und jetzt war es 22.00 Uhr. Eine drückende, stechende Sonne hatte der Besatzung unterwegs die Gehirne geschmort, die Augen geblendet und die Gesichter krebsrot gefärbt. Und alles nur, weil der verflixte Motor mal wieder in Streik getreten war.

Gustaf warf das Eisen in die tintendunkle See und steckte zehn Meter Kette. Für heute hatte er genug. Wenn es hell wurde, konnte man weitersehen; vielleicht kam ja morgen auch der seit zwei Tagen angesagte Nordost durch, der sie in wenigen Stunden durch den Fehmarn-Sund und über die Hohwachter Bucht nach Kiel zurückblasen würde.

Er hängte die Ankerlaterne ins Vorstag, prüfte den Himmel und die Peilung der Sund-Leitfeuer und ging dann befriedigt unter Deck. Kein Lufthauch kräuselte das Wasser.

Frieda hatte sich bereits auf ihrer Koje ausgestreckt. Julchen rumorte noch ein wenig im Vorschiff herum — dann war es auch dort ruhig. Die totale Stille ringsum ließ auch den Schiffer bald einnicken. Sie hatten alle drei den Schlaf redlich verdient.

Mitten im tiefsten Schlummer weckte sie eine durch das Schiff laufende pendelnde Bewegung, die die Gläser und Tassen in der Pantry zum Klingeln brachte und die schlaftrunkene Frieda beinahe aus der Koje rollen ließ.

„Och", grunzte Gustaf seiner Frau zu, das ist nur der Schwell von einem vorbeilaufenden Dampfer."

Übermüdet wie sie waren, schliefen sie bald wieder ein. Sie wußten nicht, wieviel Zeit seitdem verstrichen war, da machte es

plötzlich „rrumms ... batsch ... tip, tip, tip."
Die Alten fuhren in der Koje zusammen. Was war das? Gustaf knipste die Taschenlampe an: Ach, herrjeh! Das Schiff schlingerte in irgendeiner toten Dünung wie verrückt hin und her. Dadurch war der zur Hälfte mit Wasser gefüllte Fleutpott vom Primus gerutscht und auf den Boden gefallen. Sein Inhalt ergoß sich tröpfelnd durch die Fugen der Bodenbretter in die Bilge.
Mein Gott, was waren das für seltsame Bewegungen? Der Schiffer blickte aus dem Luk: Draußen war es noch stickeduster und genauso flau wie vorher. Aber eine gewaltige tote See schob in gleichmäßigen Intervallen genau von der Seite auf die SINBDAD los. Man konnte die Wellen nicht sehen. Das Meer lag blank wie ein Spiegel aus schwarzem Glas um sie herum ausgebreitet, aber sein Pulsschlag versetzte den Kahn in derart pendelnde, schlingernde Bewegung, daß das Waschbord fast zu beiden Seiten Wasser schöpfte.
„Das muß eine Menge Wind gegeben haben, da irgendwo", sagte Gustaf. Er hatte Mühe, sich auf den Beinen zu halten. Die Dünung kam aus Nordost. Er hoffte, daß sie ein Vorbote des für den nächsten Tag erwarteten Windes war und ging beruhigt zur Koje.
Aber mit dem Schlaf war es aus. Die wie betrunken torkelnde SINBDAD machte ein Höllenkonzert. Die Fallen schlugen mit Peitschenknall an den Mast, alle beweglichen Teile an und unter Deck klapperten, bumsten, quietschten, orgelten und knarrten um die Wette. Sogar das Bilgewasser, von dem für gewöhnlich niemand Notiz nahm, entsann sich seiner Bedeutung und schlürfte schwabbend von einer Seite auf die andere.
Frieda stöhnte auf ihrer Schaumgummimatratze. Die weiche Unterlage versagte dem Rollen des Körpers jeglichen Widerstand. Sie konnte sich vor dem Hinunterfallen nur dadurch bewahren, daß sie mit einer Hand in die Wegerung an ihrer Kojenwand griff und sich bei jedem Überliegen des Schiffes festhielt.
Eine Schüssel kam ins Rutschen und zerklirrte auf dem Boden. Dadurch wurde Julchen wach.
„Was ist los?" rief sie ins Dunkle.

Frieda fragte den Schiffer, wie lange das so weitergehen sollte.
„In drei Stunden wird es schummrig", antwortete Gustaf, „bis dahin müssen wir aushalten. Sobald es hell wird, kommt sicher Wind auf, und wir können durch den Sund gehen."
„Bis dahin bin ich längst seekrank."
Frieda sagte es fast weinerlich, denn sie war der Verzweiflung nahe. Erst diese

Flautentreiberei und dann eine solche Nacht!

„Nimm 'ne Pille!" Gustaf griff ins Flaschenrack und langte eine kleine Schachtel hervor. „Zur Beruhigung der Nerven" stand darauf. Er gab Frieda eine Tablette. Frieda versuchte, sie heil herunterzuschlucken. Aber es hing wohl mit der beginnenden Seekrankheit zusammen, daß die Pille nicht so rutschen wollte wie sonst.

„Pfui, wie bitter!" jammerte sie — sie konnte einem wirklich leid tun.

„Gib mir schnell einen Löffel Zucker", bat sie den Schiffer.

Dieser griff im Dunkeln in die gewohnte Ecke der Pantry, wo die Plastikdose mit dem Zucker stand, fummelte einen Löffel aus dem Besteckkasten und schüttete ihn randvoll. Dann reichte er ihn Frieda, wobei er sich mit beiden Beinen fest gegen die Kojenwände stemmen mußte, um durch das Schlingern nicht umgeworfen zu werden.

Frieda nahm den Zucker.

Sie hatte ihn kaum im Mund, da schrie sie, wie von einer Tarantel gestochen:

„Iiiihh ... iihh ... das ist noch bitterer als vorher ... ihr habt mich vergiftet ... iihh ...!"

Gustafs Ratlosigkeit verwandelte sich in Kopflosigkeit. Mit zitternden Händen zündete er die Petroleumfunzel an, griff zur Wasserflasche und füllte tatterig einen Zahnputzbecher mit Trinkwasser, den er Frieda reichte.

„Spül dir erst mal den Mund aus!"

Frieda riß ihm den Becher aus der Hand,

tat einen tiefen Schluck, gurgelte . . .

Im gespenstisch flackernden Licht der unruhig hin und her pendelnden Messinglaterne erblickten Gustaf und Julchen etwas, das sie nie zuvor gesehen hatten und das sie bis an das Ende ihres Lebens nicht vergessen würden:

Der Mutter quoll aus dem qualvoll verzerrten Mund in dicken Blasenbündeln bläulicher Schaum. Je mehr sie hustete und röchelte, desto größer wurden die Blasen vor ihren Lippen. Ihr Jammern ließ auf große Schmerzen schließen, und Julchen fing an zu weinen. Das Schiff rollte wie betrunken. Der Weltuntergang schien gekommen.

Nach verzweifelten Bemühungen wurde Frieda das scheußliche Zeug in ihrem Mund los. Es lag jetzt als fluoreszierende, blasige Masse auf dem Fußboden.

Julchen war an dem Vater vorbei entlang der Kojenwand in die Kombüse geklettert. Niemand hatte auf sie geachtet. Nun hielt sie auf einmal die Zuckerdose in die Höhe und schrie in das Dämmerlicht des über sie hereingebrochenen Infernos mit heller Stimme:

„Vater, haste ihr etwa d a s als Zucker gegeben?"

Der Kapitän sah erschrocken auf und blickte seine Tochter unwillig an. Was hatte die Göre jetzt schon wieder?

„Dann haste ihr Waschpulver gegeben statt Zucker!"

Frieda hat seitdem etwas gegen „Strahlendes Weiß". Und sie füllt ihr Waschpulver auch nicht mehr in Plastikdosen.

Die motorischen Kräfte

Gustaf ist wirklich ein netter Kerl. Aber seit einiger Zeit fällt er durch sein lautes Benehmen bei An- und Ablegemanövern selbst dem besten Freund auf die Nerven. Gustaf, der — wie man so sagt — mit seinem Schiff „schreiben" kann und der, ohne ein Wort zu verlieren, mit einem leisen Aufschießer in jedes Loch hineinfindet, ist plötzlich nervös und laut geworden, wenn es heißt „Leinen los" oder „Klarmachen zum Anlegen". Woher das kommt? Nun, Gustaf ist von jener scheußlichen und ansteckenden Krankheit befallen, die die medizinische Wissenschaft als „Motoritis" bezeichnet. Dies geschah nicht etwa über Nacht. Oh nein, Gustaf war zwanzig Jahre seines Seglerlebens gegen diesen Bazillus immun, aber nun hat es ihn doch erwischt, den armen Deubel. Und das Schlimme ist, er weiß es gar nicht.
Wo sind die schönen Zeiten geblieben, da Gustaf mit leisem Fingerdruck sein Schiff in den Wind drehte, Frieda das Zeug wegnahm und Julchen mit der Wurfleine aufs Vorschiff ging? Kein lautes Wort war nötig. Alle Griffe ergänzten sich harmonisch, und der Kahn gehorchte seinem Schiffer wie ein edles Pferd den Schenkelhilfen des Dressurreiters. Da war es noch ein Genuß, Gustaf beim An- und Ablegen zuzusehen, und er galt unter seinen Kameraden als Könner.
Aber dann kam er auf den verhängnisvollen Einfall, er sei „seinen Jahren" einen Tribut schuldig, und auch die Familie hätte endlich etwas mehr Bequemlichkeit verdient. Kurzum, die „motorischen Kräfte" hatten ihn gepackt und ließen ihn nicht mehr los: Die Motoritis war zum Ausbruch gekommen.
Das Anfangsstadium war verhältnismäßig harmlos, und Gustaf verspürte bei laufender Maschine zunächst nur eine leichte Temperaturerhöhung. Er benutzte den Motor damals auch nur auf gerader Strecke bei Flaute oder Regen, während

er alle kritischen Situationen unter Segeln meisterte, weil dies einfacher war und weil er es so gelernt hatte.

Aber je länger Gustaf diese Teufelsmühle an Bord hatte, um so stärker wurde ihr unheilvoller Einfluß auf seinen Nervenzustand und sein Innenleben. Es begann damit, daß er eines Tages — nur so zum Versuch — den Motor anstellte, als er im Begriff war, aus dem Yachthafen auszulaufen. Er hatte den Wind von vorn, und er hatte dummerweise zu Frieda gesagt: „Son Schiet, nu müssen wir rauskreuzen."

Worauf Frieda ihn von der Seite angesehen und spitz gemeint hatte: „Wozu haben wir denn eigentlich den teuren Motor?"
Na ja, man konnte es ja mal probieren — und siehe da, es ging sehr gut. Klein büschen Gas, Großsegel mittschiffs angeknallt, Fock an Deck, zwei kurze Schläge — eine kinderleichte Sache. Gustaf bekam Geschmack an der Motorsegelei. Wenn er jetzt an- oder ablegen wollte, brauchte er sich nicht mehr am Kopf zu kratzen und den Wind zu peilen; er brauchte auch keine komplizierten Berechnungen mehr anzustellen, ob er die Fock wegnehmen oder backsetzen, oder ob er auf Steuerbordbug oder Backbordbug abfallen sollte; nein, alles schien sich mit „klein büschen Gas" friedlich und ohne Aufregung abzuwickeln.

Er wäre wohl nach kurzer Zeit ein überzeugter Gas-Kapitän geworden, wenn die Sache nicht einen Haken gehabt hätte: Seine brave SINDBAD mochte diese Art der

Fortbewegung gar nicht. Was sie unter Segeln willig und ohne Mucken zu tun bereit war, verweigerte sie ihrem Herrn, sobald die Kaffeemühle sich in ihrem Bauch drehte. Es war aber auch zu und zu merkwürdig: Das einfachste Mann-über-Bord-Manöver (zum Beispiel, wenn der Bootshaken zu Bach ging und aufgefischt werden mußte — unter Segeln mit „Wende-Anlauf-Null" eine Sache von zwei Minuten) stellte ihn vor niegekannte Probleme. Auf jedem Bug drehte der verrückte Kahn anders, und — was das Schlimmste war — es gab dafür keine festen Regeln wie beim Manövrieren unter Segeln. Wollten die Segel SINDBAD anluven lassen, sagte die Schraube: „Abfallen". Fierte Gustaf die Großschot, um sein Schiff vor den Wind zu bringen, drehte die Schraube ihn nach Luv. Klar, daß man dabei den Bootshaken entweder nicht zu fassen kriegte oder ihn über den Haufen fuhr. Und immer zu viel Fahrt im Schiff! „Rückwärts!" brüllte Gustaf, und Frieda haute die Pulle rein. Aber es war nichts von „rückwärts" zu spüren, sondern es ging zunächst trotz rückwärts drehender Schraube eine Weile vorwärts weiter. Und wenn sich der Kahn nach einigem Zögern zum Rückwärtslaufen entschloß, fuhr er nicht gleichmäßig über den Achtersteven, sondern schor wie ein Taschenkrebs schräg zur Seite. Kein Wunder, daß SINDBAD bereits ein paar dicke Beulen hatte und Frieda einen gequetschten Fuß.

Das einfachste wäre für Gustaf gewesen, wieder zur bewährten Methode des „Se-

gelns ohne Gas" zurückzukehren. Aber dafür war er nun wieder zu dickköpfig. So etwas mußte sich doch lernen lassen! Und er übte schwitzend die einfachen Lektionen „Vor und Zurück", die schwierigen „Um einen Pfahl drehen" und das Rangier-Paradestück aller Gas-Kapitäne „Eindampfen in die Spring". Theoretisch hatte er den Bogen längst raus, aber die Praxis machte ihm doch mächtig zu schaffen. Es kann einen nicht wunder nehmen, daß Gustaf langsam nervös wurde und diese Unruhe allmählich auch auf seine Besatzung übertrug.

Während er früher vor jedem Manöver Frieda und Julchen genau erklärte, was sie zu tun hatten, fummelte er jetzt aufgeregt an seinen Knöpfen und Hebeln herum, handhabte das Ruder lässig und ließ die gute SINDBAD machen, was dieser gerade in den Sinn kam. Und wenn Julchen ihm vom Vorschiff aus zurief: „Vati, was soll zuerst weg, Fock oder Groß", schnauzte er sie an, wobei die Tourenzahl des Motors Gustafs Lautstärke bestimmte:

„Weiß ich noch nicht!"

Und dabei war die Spundwand, an der man anlegen wollte, schon ganz nahe.

So etwas wirkte sich natürlich auf die Stimmung an Bord aus. Frieda — gewohnt, bei ihrem Käptn auf jeden Wink des Zeigefingers zu achten — gewann, als derartige Winke ausblieben, Oberwasser. Vom Segeln verstand sie nichts, zugegebenermaßen, aber sie hatte doch ihren gesunden Menschenverstand! Und Gasgeben und Kuppeln war doch — wie beim

77

Auto — eine Sache des Verstandes. Wo hatte Gustaf denn nur seinen Verstand gelassen?

„Gustaf", schrie sie dann plötzlich mitten in SINDBADS etwas eiförmig geratenen Drehkreis hinein, „Gustaf, wir rammen gleich den Pfahl!"

Es erscheint verständlich, daß Gustaf sich solche Eingriffe in seine Befehlsgewalt nicht gefallen ließ.

„Halt den Mund", fuhr er sie gekränkt an, „wer ist hier Kapitän? Hier kommandiere ich!"

„Gas weg!" schrie Frieda als Antwort, aber es war zu spät. Gustaf hatte den Pfahl bereits gerammt.

Da sich solch angeregter Meinungsaustausch zumeist in der Nähe beliebter Steganlagen, Kaimauern usw. entwickelte, schob sich ein Kopf nach dem anderen aus dem Luk der dort angebundenen Yachten, sobald SINDBAD nahte, denn jetzt gab es meistens etwas zu sehen. Diejenigen Kameraden, die ihr Kommen aber bisher übersehen hatten, wurden durch Gustafs und Friedas lautstarke Streitgespräche zeitgerecht alarmiert. Das Schauspiel konnte beginnen:

„Großsegel weg", hörte man es — zunächst noch verhalten — rufen. Darauf die Antwort:

„Ich verstehe nichts. Stell den Motor leiser!"

Dann wieder Gustaf, diesmal mit Posaunenton:

„Düwel ok, Groß weg, habe ich gesagt. Aber dalli!"

„Rrrrrh" machte das Segel auf der Schiene. Bis zur halben Höhe des Mastes. Dann hing es auf dem Lee-Backstag, welches Julchen überzuholen vergessen hatte.

„Backbord, hart Backbord", hörte man Frieda jetzt rufen, worauf Gustafs Stentorstimme zurückdonnerte:

„Das geht nicht mehr! Ich drehe nach Steuerbord!"

Nun kam der von allen Zuschauern schon erwartete Schrei Friedas: „Gas weg!", dem kurz darauf programmgemäß der Ruf „Volle Rückwärts!" folgte.

Und dann der obligatorische Bums. SINDBAD hatte angelegt.

Der Motor brummte im Stand weiter, denn der Vergaser mußte erst leerlaufen.

„Mensch", vernahm man jetzt wieder die keifende Stimme Friedas, „ich hab doch gesagt Backbord!"

Worauf Gustaf (laut Drehbuch) zu antworten hatte: „Himmeldonnerwetter, fährst du oder fahre ich — du weißt doch, daß der Kahn nicht nach Backbord dreht."

„Was?" mußte Frieda jetzt fragen, denn der Motor hemmte die Verständigung.

Nach einigen Minuten machte es dann endlich „butt, butt, butt . . . pfffh", und der Motor stand. Der Vergaser war leergelaufen. Gustaf und Frieda auch. Der Hafen konnte befriedigt weitermachen.

So sah es aus bei normalen Manövern.

Aber leider waren diese in der Minderheit. Viel schlimmer ging es bei den in häufigem Wechsel einander folgenden Katastrophenfällen zu. Mal klemmte der Rückwärtsgang, mal rutschte die Kupplung. Meistens war die Fahrt zu groß, und es

78

krachte. Aber manchmal war sie auch zu gering, weil Gustaf den Benzinhahn zu früh dichtgedreht hatte. Dann mußte der Schipper die letzten Meter mit dem Bootshaken paddeln. Mal waren die Leinen unklar, mal der Vergaser abgesoffen, mal ein anderes Schiff im Weg, mal . . . ach, man kann das alles gar nicht aufzählen. Gustafs Nerven waren zum Zerreißen gespannt. Die Motoritis hatte ihn mit furchtbarer Gewalt gepackt. Die Krisis konnte nicht mehr lange auf sich warten lassen.

In Schleimünde war es dann eines Tages soweit. Der Südwest blies von Kappeln her kleine weiße Schaumköpfe über das Noor gegen den Zollsteg. Die auf Legerwall vor der Giftbude festgemachten Yachten tanzten wie Marionetten an langen Strippen, die zu den roten Tonnen im Hafenbecken führten.

Julchen war in der Nacht seekrank geworden, und Frieda hatte entschieden: „Wir laufen morgen nach Kappeln! Hier wird man ja verrückt!"

Gustaf blieb nichts weiter übrig als zu brummen:

„Wegen son büschen Schaukelage gleich solch Theater. Na, meinetwegen!"

Unter Segeln wäre das Ablegen eine Kleinigkeit gewesen: Reff einbinden, ran an die Tonne, Festmacher auf Slipp, Segel setzen, Fock back, Groß dicht, abfallen . . . los! Tausendmal gemacht. Gar nichts dabei. Aber Frieda fragte: „Wir nehmen doch den Motor?" Und Gustaf, dessen Ehrgeiz wieder mal angestachelt war, sagte: „Klar!" Na denn . . .

Motor an, Standgas, Leinen achtern los. Strom und Wind setzten SINDBAD hart auf das Nachbarschiff, wo hilfreiche Hände sich gegen Gustafs Seereling stemmten, um die Yachten freizuhalten.

„Nicht an die Seereling kommen", brüllte der Kapitän, aber da war die Stütze schon krummgebogen.

„Herrgottsdonnerwetter, diese Idioten!" Vorwärtsgang rein, Gas. „Vorn los!"

Julchen lag auf dem Bauch und versuchte, mit klammen Fingern ihren festgequollenen Altweiberknoten an der Tonne zu lösen. Aber die Leinen von drei anderen Schiffen lagen darüber und bekniffen das Ende, so daß der Knoten nicht aufging.

„Auskuppeln!"

SINDBAD trieb mit schwojendem Heck auf die Leinen der Nebenmänner. Rufe ertönten von Land und Ratschläge.

„Vorn festhalten!" kommandierte Gustaf, aber Julchen hatte den Knoten inzwischen aufbekommen und die Leine geslippt. SINDBAD marschierte achteraus.

„Gaas!" brüllte Frieda, und Gustaf drückte auf die Tube.

„Blub-blub-blub . . . blub", röhrte die Schraube, und SINDBAD schob sich tonnenwärts. Aber nur drei Meter. Dann gab es einen harten Ruck im Schiff. Die Schraube machte noch ein paar müde Umdrehungen, bei denen die Tonne jedesmal eine zittrige Verbeugung andeutete. Dann stand der Motor. Abgewürgt.

An Land, auf den Nachbarschiffen und an Deck der SINDBAD entstand großes Geschrei. Das Schiff trieb ohne Fahrt quer über den Trossensalat auf die spitzen Ste-

ven zu: Gustaf hatte die Nachbarleine in die Schraube bekommen. Die Leine war gebrochen; der daran hängende Nachbar setzte mit dem Heck aufs Bollwerk. Eine Flaggenstange knirschte. Eine Frau rief: „Hilfe, wir treiben!"
SINDBAD klebte hilflos wie ein auf dem Rücken liegender Mistkäfer an den Vorleinen der übrigen Schiffe. Ein Zustand, wie ihn jeder Schiffer gern hat. Erst nach einer halben Stunde war die Yacht vermittels einiger Warpleinen, die hilfsbereite Beiboote ausgefahren hatten, wieder in ihr altes Loch zurückbugsiert.
Gustaf versuchte, die Maschine zu starten. „Klick" machte der Anlasser, aber das war auch alles. Hier mußte jemand außenbords, um die mit der Schraube vertörnte Leine zu entfernen.
Frieda war blaß vor Zorn über den ungeschickten Gustaf. Julchen war blaß vor Angst, denn sie fürchtete ein Donnerwetter, weil sie das Schiff zu früh losgeworfen hatte. Gustaf war blaß, weil ihn bei dem Gedanken, daß er tauchen mußte, fror. Er hatte so etwas noch nie gemacht, und tauchen war überdies nicht seine Stärke. Schon gar nicht bei solcher Kälte! Wozu auch? Segler sind keine Fische.
Aber nun mußte es sein. Er ließ sich von Frieda das weiße Lastex-Unterteil ihres Bikinis geben (er selbst besaß keine Badebüx; wozu auch, Segler sind doch keine Fische), klemmte sich ein Bordmesser zwischen die Zähne, holte tief Luft und verschwand — plumps — in den dunklen Tiefen des mit Quallen, Ölrückständen, toten Barschen und allerlei üblem Zeug

bedeckten Schleimünder Zollhafens. Es dauerte knapp eine Sekunde, dann war er wieder oben. Ein magerer Gustaf, dessen rostbraune Gesichtsfarbe schlecht mit der pickligen Weiße seines übrigen Körpers harmonierte. Er spuckte Wasser, Tang und ein Stück von einer Qualle aus, hustete und sagte:
„Verdammt kalt da unten, und sehen kann man auch nichts."
„Du mußt länger unten bleiben", sagte Frieda.
„Kann ich nicht", meinte Gustaf, „mir bleibt die Luft weg."
Vom Nachbarschiff kam jetzt ein kluger Rat: „Ne Klammer auf die Nase setzen." Frieda reichte ihrem Käptn eine Wäscheklammer.

„Auhh!" schrie Gustaf, aber er setzte sie auf. Julchen unterdrückte mit sichtbarer Anstrengung ein Kichern. Nein, wie sah Vati komisch aus!
Beim dritten Anlauf blieb Gustaf, der nach vielem Gespucke und Gehuste mittlerweile bläulich angelaufen war, für längere Zeit unten. Er mußte s e h r tief getaucht sein. Julchen zählte mindestens sieben Sekunden. Dann ging ein erleichtertes „Ahhh" durch den Hafen: Aus dem in allen Spektralfarben leuchtenden, ölhautüberzogenen Wasser hob sich Gustafs Faust, die ein Stück Tampen wie eine Viper umklammert hielt. Die Schraube war frei!
Als aber Gustafs Haupt aus den Fluten folgte, verstummte die Menge blitzartig. Solch seltsames Bild hatte noch niemand gesehen: Ein nackter Mann mit einer Klammer auf der Nase. Hinter der Klammer hatte sich ein Büschel Seegras oder Tang festgesetzt, welches ihm — einem grollenden Nereus gleich — zu beiden Seiten des Gesichts herabhing und ihm ein martialisches Aussehen verlieh. In seinem Haar klebten die Rückstände vom Mittagessen des Nachbarschiffes, und was das Furchtbarste war — die Schultern waren blutig rot, als wenn ein Rudel Haie an Gustaf genagt hätte. Erst bei näherer Untersuchung zeigte sich, daß es nur die Patentfarbe des Unterwasseranstrichs war, die an Gustafs rubbeliger Gänsehaut abgefärbt hatte.

So stieg er also zwischen Quallen und Treibholz aus der Unterwelt empor. Die erste, die sich fing, war Julchen.
„Vater", rief sie mit naiver Begeisterung, „nun weiß ich endlich, wie Neptun aus-

sieht. Bleib noch einen Moment im Wasser — ich will dich fotografieren!"
Mit Kognak und Zigarre versorgt, in warme Decken gehüllt und von Frieda insgeheim bewundert, erholte sich Gustaf bald von dem Abstecher ins Reich der Fische und Nereiden. Ob er aus diesem Abenteuer eine Lehre gezogen hat?

Heimlichkeiten

Jeden Herbst werden die Segler von einer mysteriösen Unruhe gepackt. Sie stecken die Nasen in den Inseratenteil der YACHT und bekommen dabei zittrige Finger. Auch Gustaf ist infiziert. Er trägt ein Foto in seiner Brieftasche. Er hält es dort sicher zwischen Standerschein und Personalausweis versteckt, damit Frieda es nicht findet. Es ist nämlich nicht Friedas Bild. Wandelt Gustaf auf verbotenen Wegen? Es scheint so. Jedenfalls benimmt sich so kein Gatte und Familienoberhaupt mit einem halbwegs reinen Gewissen. Gustaf wird rot, wenn seine Hand über die Stelle streicht, wo die Brieftasche die linke Brustseite polstert; seine Hände zittern, wenn er die lederne Hülle öffnet, um Frieda das Haushaltsgeld auf den Küchentisch zu zählen.

Er macht sich durch seine fahrige Nervosität in höchstem Maß verdächtig.

Früher kramte er vor dem Schlafengehen unbekümmert den Inhalt seiner Taschen aus und packte Schlüsselbund, Geldbörse und Brieftasche auf den Nachttisch, bevor er sein Jackett sorglos über die Stuhllehne warf. Jetzt aber hängt er plötzlich den Rock über einen Bügel, den er pedantisch im Kleiderschrank verschließt. Und keine Brieftasche ziert den Nachttisch, so daß Frieda beim Zubettgehen argwöhnisch zur Seite schielt, um herauszubekommen, weshalb Gustaf sich mit einmal so seltsam verhält.

Aber Gustaf — dumm wie die Männer sind — merkt nicht, daß Frieda längst etwas gemerkt hat.

Frieda ist alt und schlau genug, um die verräterische Veränderung in Gustafs Wesen zu spüren und — auf ihre Art — zu deuten. Sie kennt, wie sie meint, ihren Gustaf durch und durch. Wer könnte ihr schon etwas vormachen!

Und doch kommt sie nicht hinter Gustafs sorgsam gehütetes Geheimnis, denn Gustaf hat in 15 Ehejahren gelernt, wie ein

82

Mann sich in solchen Fällen zu verhalten hat. Erst wenn er morgens in der Straßenbahn sitzt, zieht er das Bild behutsam aus der Brieftasche und beäugt es vorsichtig, damit ihm niemand dabei über die Schulter sieht. Er macht es sehr geschickt und überaus unauffällig; niemand kann erkennen, was er da so glückselig und mit verklärtem Glanz in seinen unschuldigen Augen anvisiert. Warten wir also eine bessere Gelegenheit ab!

Während der Frühstückspause im Büro fingert er schon wieder an seiner Brieftasche herum. Man sieht ihm an, wie glücklich ihn der Anblick des Bildes macht, aber erkennen kann man immer noch nichts, denn Gustaf hat seinen Schatz mit ein paar Schriftstücken wirksam gegen scheele Blicke von der Seite getarnt. Erst in der Mittagspause, als Gustaf in der Kantine seinen Eintopf löffelt, gelingt es, über den Tisch hinweg einen Blick auf sein heimliches Idol zu werfen. Teufel auch, was hat der Gustaf für einen gediegenen Geschmack! Wer etwa vermutet hätte, dort irgendein Pin-up-Girl oder gar etwas noch Unanständigeres zu sehen, müßte sich schnell eines Besseren belehren lassen. Nichts Halbweltliches, nichts Anrüchiges ist es, was Gustafs Augen leuchten macht — nein, es ist ein gesundes, schlankes, edel gebautes Etwas mit klaren, regelmäßigen Linien und gepflegter, glatter Haut.

Gustaf verschlingt mit hungrigen Blicken die wohlproportionierte Schöne, deren Konterfei er in seiner schwieligen Pfote fast zerdrückt. Armer Gustaf! Er hat sich

da offenbar in eine hoffnungslose Situation hineinmanövriert. Was sollte solch ein strahlender (und sicher sehr verwöhnter) Engel denn schon mit dem biederen, brummigen Gustaf anfangen? Daß die Angebetete so eine Art „Miss Sowieso" sein muß, ist dem Bild unschwer zu entnehmen, denn es sind sogar ihre Maße und ihr Gewicht am unteren Rand des Fotos angegeben.

Gustafs knorriger Zeigefinger folgt mit zärtlicher Gebärde der Linienführung ihrer unwahrscheinlichen Figur; er ist offenbar tief bewegt.

Gustaf, Gustaf! Zugegeben, es mag eine platonische Liebe sein, aber schickt sich so etwas für einen Mann in deinen Jahren — für jemanden, der eine nette, treue Frau zu Hause hat und einen so süßen Fratz wie Julchen?

Wenn Gustaf das vergessen haben sollte, müssen wir uns fragen, wie es denn nur möglich war, daß ihn ein harmloses Foto so völlig durcheinanderbringen konnte — ihn, den nüchternen, zuverlässigen, korrekten Gustaf. Nun, man könnte es sich einfach machen und spotten: „Wo die Liebe hinfällt ...!" Aber damit hätte man ihm unrecht getan. Seine Emotionen sitzen tiefer; das ist nicht die törichte Verliebtheit eines Jünglings. Und schon gar nicht die lüsterne Hitzköpfigkeit eines senilen, alten Knaben. Nein — ihn hat etwas übermannt, gegen das selbst ein Kerl wie Gustaf nicht gefeit ist; die beglückende, beseligende, erhebende Befriedigung, die der Anblick vollkommener Schönheit bereitet. Dem Reinen ist alles

83

rein; und ein Schuft ist, wer Schlechtes dabei denkt.

Gustaf schüttelt resignierend sein Haupt. Zärtlich steckt er das Bild in die Brieftasche (an den sicheren Platz hinter dem Führerschein zurück. Es ist wie bei Christian Morgensterns unvergeßlichem „Palmström":

„... er gehört zu jenen Käuzen,
die oft unvermittelt-nackt
Ehrfurcht vor dem Schönen packt.
Zärtlich faltet er zusammen,
was er eben erst entbreitet,
und kein Fühlender wird ihn verdammen,
weil er ungeschneuzt entschreitet."

Nein, er hat wirklich niemanden, dem er sich offenbaren, niemanden, mit dem er sich aussprechen könnte — und gerade das ist es, was ihm helfen würde.

Abends, nach Dienstschluß, fährt er am Hafen vorbei und besucht seine SINDBAD. Dicke, alte SINDBAD — was kann sie dafür, daß ihr Herr und Meister in Gedanken fremd geht? Sie kann sich nicht anders geben, als sie eben ist — behäbig, bieder und ein wenig zu rustikal für einen Schipper mit einem so unruhigen Herzen wie Gustaf.

Als Gustaf im Cockpit sitzt, zieht er noch einmal das Foto aus seiner Brieftasche. Er blickt auf das Bild. Dann blickt er auf sein Schiff und betrachtet es lange. Mein Gott — welch Unterschied! Aber SINDBAD ist die Wirklichkeit, und das Foto stellt eben doch nur ein Wesen aus einer anderen Welt dar, unerreichbar, unnahbar — ein Traum, ein heimlicher Gedanke, ein verstohlener Wunsch, der schon zerronnen ist, sobald man versucht, ihn in Worte zu kleiden.

Als er Heini über den Steg auf die SINDBAD zukommen sieht, überfällt ihn jäh die Erkenntnis der prosaischen, nackten Realitäten des Lebens. Gustaf zuckt zusammen. Er nimmt das Foto, das ihn in den letzten Tagen fast um den Verstand gebracht hat, behutsam zwischen die Fingerspitzen und zerreißt es seufzend in viele kleine Fetzen, die er neben die SINDBAD ins ölige Wasser des Yachthafens streut.

Als Heini zu ihm an Bord klettert, hat der Küselwind die kleinen Schnipsel schon fortgetragen. Es gibt eben Dinge, die ein Mann mit sich allein abmachen muß.

Liebe Gäste

Gustaf besitzt zwei verschiedene Gesichter. Mit dem einen zeigt er sich in der Öffentlichkeit; das andere setzt er zu Hause auf. Außerhalb seiner eigenen vier Wände ist Gustaf ein unterhaltsamer, lebhafter und zu allerlei munteren Scherzen aufgelegter Bursche. In seiner Wohnung jedoch zeigt er die mürrische Rückseite seines Januskopfes und öffnet die Lippen nur zur Nahrungsaufnahme oder zum Zähneputzen.
Warum das so ist? Gustaf würde sagen: Alle Männer sind so. Aber Frieda findet, daß alle anderen Männer anders sind. Das stimmt natürlich ebensowenig, aber Frieda ist nicht davon abzubringen. Und sie leidet — wie sie sagt — unter Gustafs Schweigsamkeit.
Weil Gustaf so selten mit ihr spricht, braucht sie hin und wieder ein wenig Abwechslung in ihrem grauen Hausfrauenalltag. Doch da beginnt bereits die Problematik. Ins Kino ist Gustaf um keinen Preis zu schleppen, und Julchen ist zu klein für so etwas. Da Frieda nicht allein gehen mag, fällt Kino also als Zeitvertreib flach. Ein Plattenspieler macht Geräusch. Gegen Geräusche — soweit sie nicht von ihm selbst erzeugt werden — ist Gustaf allergisch. Also fällt Musik ebenfalls flach. Für einen Fernseher ist angeblich kein Geld da, und Tageszeitungen und Illustrierte bieten nur wenig Erbauung für ein nach kultureller Weiterbildung strebendes, einsames Hausfrauenherz. Deshalb muß Frieda sich nach anderer Kurzweil umsehen.
„Wie wäre es denn mit Besuch?"
„Fein", sagt Gustaf, doch er fügt gleich hinzu: „Aber bloß nicht wieder diese langweiligen Bollmanns".
Und gerade die hatte Frieda im Sinn.
„Nee", sagt Gustaf, „dann laden wir lieber Heini und Roswitha ein. Die waren schon lange nicht mehr bei uns."
„Och, dann wird doch nur den ganzen

Abend über Segeln gequatscht. Ich kann das schon nicht mehr hören!" mault Frieda.
Aber dann bleibt es doch bei Heini und Roswitha. Frieda bereitet Häppchen vor.
„Du, Frieda", sagt Gustaf, „wäre es nicht besser, wenn ich mich mit Heini in m e i n Zimmer setzte? Da wärt ihr Frauen dann ungestört."
Doch da kommt er bei Frieda schlecht an. „Das fehlt gerade noch!" explodiert sie. „Überhaupt, das eine will ich dir sagen: Vom Segeln wird diesmal nicht gequasselt! Es ist immer dasselbe Gedöns. Da kann einem ja schlecht bei werden."
Gustaf schweigt dazu. Vielleicht nimmt er sich wirklich vor, mit Heini über Kunst, Politik oder das Wirtschaftsleben zu plaudern. Wer weiß. Man muß die Entwicklung des Abends abwarten.

Um acht Uhr klingelt es. Frieda öffnet die Tür. Sie hat ihr Schwarzseidenes an. Es ist nicht vom neuesten Schnitt, aber bei Heini und Roswitha kommt das nicht so genau drauf an. Die Männer begrüßen sich überschwenglich, als hätten sie sich jahrelang nicht gesehen. Dabei treffen sie sich im Sommer täglich nach Feierabend auf dem Bootssteg und mindestens einmal die Woche beim Bierchen. Aber ein wenig Theater gehört nun mal zum gesellschaftlichen Leben.
Alle vier reden durcheinander. Julchens neue Schuhe werden bewundert. Frieda zeigt ihr im Ausverkauf billig erstandenes Sofakissen vor. Heini rühmt die Vorzüge seines bügelfreien Oberhemdes — schade nur, daß es beim Sitzen hinten immer aus der Hose rutscht. Eine halbe Stunde wogt das Gespräch lebhaft hin und her.
„Ich bau mir übrigens 'ne Baumfock", sagt Heini da so ganz nebenbei.
Frieda wirft Gustaf einen warnenden Blick zu. Gustaf kapiert und sagt nur: „So, so."
„Ich weiß nur nicht, ob ich den Leitwagen über Deck führen soll oder als Schiene auf dem Kajütdach. Was meinst du, Gustaf?"
„Na ja ..." räuspert sich Gustaf verlegen, „also, wenn du mich fragst ..." Und dann ist er schon mittendrin im Fachsimpeln. Schotführung, Ansatzpunkt des Fockbaums, wird er von der Seereling freigehen? Ach, es gibt da tausend Fragen, die einer eingehenden Erörterung wert sind.
Das Gespräch der Frauen plätschert noch

eine Weile so dahin: Hausputz, Kindererziehung, ob man sich nicht doch einen Fernseher zulegen sollte, ein bißchen Mode. Aber dann ist der Stoff alle — ersoffen im mächtigen Strom der seglerischen Ergüsse, erschlagen von der männlichen Problematik.
Der Abend verläuft, wie alle solche Abende verlaufen. Nach der fünften Flasche Bier geht das Temperament mit Gustaf durch.
„Und ich sage dir", trompetet er lautstark und bumst dabei mit der Faust auf den Tisch, „wenn mir damals vor Kerterminde nicht das Stag gebrochen wäre, hätte ich den dicken Krüger glatt ausgesegelt."
Und Heini nickt mit dem Kopf und pflichtet ihm bei: „Überhaupt dieser Krüger! Wo der immer so angibt mit seiner lahmen Ente. Und dabei läßt er meistens die Maschine mitlaufen."
Um halb zwölf gähnen die Frauen. „Ich glaube, wir müssen", sagt Roswitha. Die Männer trinken einen Kognak zum Abschied und haspeln schnell noch ein paar giftige Bemerkungen über Willems neue AVALUN herunter, die ihr Geld auch nicht wert sein soll. Roswitha sagt: „Das nächste Mal kommt ihr aber zu uns", und Heini erinnert Gustaf daran, daß morgen Stammtisch im Seglerverein ist.
Die Gäste sind kaum aus der Tür, da dreht Gustaf mit einem Ruck sein Haus-Gesicht nach vorn. Frieda will noch ihrem Ärger über das dumme Geschwätz der Männer Luft verschaffen, und auch über Roswitha möchte sie ein wenig klatschen. Aber Gustaf hat die Klappe dicht gemacht. Für heute hat er genug gesprochen. Er legt sich die Zeitung neben dem Kopfkissen bereit. Frieda denkt verbittert: „Nie wieder!"

Vier Wochen sind seit dem Besuch von Heini und Roswitha vergangen, und Frieda kriegt wieder mal ihren Einsamkeitsfimmel. Also muß neuer Besuch her. Diesmal sollen Bollmans dran glauben, hat Frieda entschieden. Bollmann ist Gustafs Abteilungsleiter und hat vom Segeln keine Ahnung. Da schlägt man zwei Fliegen mit einer Klappe und kann Bildungsstreben mit beruflichem Ehrgeiz koppeln. Gustaf erhält rechtzeitig seine Regieanweisungen. Diesmal gibt es Rheinwein und was zum Knabbern. So ein Abend kostet immer viel Geld. Aber bei Bollmanns ist es ausnahmsweise gut angelegt. Freundschaft mit Vorgesetzten zahlt sich immer aus.
„Ob ich mein Kreppdeschienkleid anziehe oder das Taftene?" will Frieda von Gustaf wissen.
„Wegen mir . . ." knurrt Gustaf, der mit seinen Gedanken ganz woanders ist. Also macht Frieda sich schön, und auch Julchen wird artig herausgeputzt. Gustaf muß das scheußliche gestreifte Hemd anziehen, in dem er sich immer so unglücklich fühlt. Und dann folgen die Verhaltensregeln:
„Also Gustaf, grabsch nicht immer die Käsestangen weg. Und biete deinen Gästen Zigaretten an. Die sind nicht wie

Heini, der immer selbst danach langt. Und vergiß auch nicht, Wein nachzuschenken, wenn die Gläser leergetrunken sind. Bollmanns sollen sich bei uns richtig wohlfühlen."

„Hm", sagt Gustaf.

„Und was ich noch sagen wollte", fährt Frieda fort, „gib dir mal etwas Mühe, gebildet zu reden. Fahr Bollmann nicht immer dazwischen, wenn er etwas sagt. Und vor allen Dingen: Quatsche nicht übers Segeln! Du weißt, daß die in der Firma sowieso glauben, die SINDBAD ginge über unsere Verhältnisse. Wie willst du denn jemals mehr Gehalt fordern?"

Gustaf befindet sich in seiner schwärzesten Stimmung. Ihn ärgert alles — Bollmanns, das Hemd, Friedas Getue und daß er sich anstrengen muß, wo er doch viel lieber hinter seiner Zeitung vergraben im Sessel säße.

Es klingelt.

„Gustaf, heute machst du auf!" ruft Frieda aus der Küche, und Gustaf stellt sich in Positur.

Alles spielt sich im übrigen so ab wie bei Heini und Roswitha. Nein, nicht alles — Bollmann hat Nelken mitgebracht. „Für die Dame des Hauses", wie er galant murmelt. Frieda bedankt sich errötend, aber dann reden alle durcheinander, und es ist wie sonst.

Man setzt sich. Nein — man nimmt Platz. Man ist etwas verlegen. Man überbrückt die Verlegenheit mit einigen scherzhaften Bemerkungen. Gustaf zeigt sich von seiner besten Seite; er ist witzig, aufmerksam. Er entschuldigt sich sogar bei Frieda,

wenn er ihr ins Wort fällt. Wirklich — Gustaf kann, wenn er will.

Wirtschaft, Politik, moderne Kunst und Kindererziehung füllen die erste Stunde. Aber dann geht ein Engel durchs Zimmer, und eine peinliche Pause entsteht.

Doch da kommt Gustaf eine rettende Idee: Bollmans sind doch leidenschaftliche Campingfreunde. Was liegt also näher, als sich nach ihrem letzten Urlaub zu erkundigen?

Bollmanns feiste Wangen leuchten auf. Er berichtet lebhaft vom Zeltlager an der Côte d'Azur und daß sie in diesem Jahr nach Dalmatien wollen. Bollmann hat — rein zufällig natürlich — sogar einige Fotos in der Brieftasche. Auf den Fotos ist eine Menge Fleisch zu sehen und etwas Wasser. Auf einem Bild sieht man viele Yachten in einem überfüllten Hafenbecken. Davor in Fotografierpose Frau Bollmann.

„Cannes", sagt Bollmann leichthin, als ob er dort zu Haus wäre.

„Sieht aus wie Ärösköbing", sagt Gustaf, der auch etwas zu dem Gespräch beisteuern möchte.

Frieda ahnt Böses. Sie kennt Gustafs Platte. So fängt es immer an.

Aber Gustaf ist nicht mehr zu bremsen. „Wetten —" sagt er, „von den ganzen Bonzen da unten im Süden kann nicht einer einen richtigen Palstek machen. Alles Tünche, alles Angabe."

Bollmann weiß nicht, was ein Palstek ist. Gustaf erklärt es ihm.

Frieda rutscht unruhig auf ihrem Sofa hin und her. „Was haben Sie für ein reizendes Kleid", wendet sie sich an Frau

Bollmann. Aber sie spürt instinktiv, daß Gustaf die Leinen losgeworfen hat und jetzt hoch am Wind gegen die See anläuft. „Ich hab da übrigens auch ein paar hübsche Bilder von unserer Sommerreise. Ärö, Middelfart, Samsö und zurück durch den Großen Belt. Tolle Reise, sage ich Ihnen. — Frieda, wo sind die Bilder eigentlich?" Frieda weiß, wo die Bilder sind, denn sie hat sie vorsorglich in ihrer Anrichte versteckt. „Ach, das interessiert Herrn und Frau Bollmann doch nicht", sagt sie und bietet den Gästen Zigaretten an.

„Die lagen doch immer rechts in meinem Schreibtisch", bohrt Gustaf weiter. Frieda weiß, daß nichts mehr zu retten ist, und sie holt den Karton mit Gustafs billigen Schwarzweißaufnahmen.

„Hier", sagt Gustaf und zeigt mit dem Stiel seiner (kalten) Pfeife — die er immer bei sich trägt, obwohl er sie bei Besuch nicht rauchen darf — auf das erste Bild, „hier hat uns unser Freund Heini von Lee aus geknipst. Schönes Bild, nicht? Stehen die Segel nicht prima? Das muß doch selbst ein Laie sehen." Und dann hält er Bollmann ein Bild nach dem anderen unter die Nase, die der höfliche Bollmann an die ebenso höfliche Frau Bollmann weiterreicht, bevor sie bei Frieda landen. Frieda trommelt nervös mit den Fingern, aber Gustaf ist nicht mehr zu halten. Jetzt kommen die ersten Döntjes: Wie Julchen in Dyvig in den Bach fiel; wie Frieda in Ballen die Makrele aus der Hand flutschte; wie Gustaf sich vor Fänö den Arm beim Ankern ausrenkte. Und dazwischen Bilder, Bilder, Bilder: SINDBAD unter Ballon;

der Schipper am Ruder; Julchen am Ruder (nur zum Schein natürlich); SINDBAD mit zweitem Reff; Frieda am Ruder; die Makrele (bevor sie Frieda aus der Hand flutschte); SINDBAD schräg von vorn; SINDBAD im Yachthafen von Svendborg mit Frieda am Vorstag; SINDBAD an der Troenser Brücke (von oben fotografiert). Gustaf kann zu jedem Bild eine Geschichte erzählen, und er tut es auch. Bollmanns kommen überhaupt nicht mehr zu Wort. Frau Bollmann gähnt verstohlen, Herr Bollmann etwas deutlicher. Doch Gustaf ist durch solche Kleinigkeiten nicht vom Kurs abzubringen. Endlich ist in diesen stieseligen Abend etwas Schwung gekommen.

Herr Bollmann nutzt — nicht ungeschickt — ein kurzes Atemholen Gustafs, um die Rede auf einen anderen Gegenstand zu bringen: „Vergessen Sie bitte Ihre Rede nicht, aber was ich Sie noch fragen wollte, was soll man eigentlich von der merkwürdigen Haltung der Opposition in der Berlin-Frage halten?"
Berlin-Frage? Gustaf hat die Zeitung heute ja noch nicht gelesen. Und die erste Seite liest er ohnehin immer nur flüchtig. Aber was soll schon sein in der Berlin-Frage. Diese Politiker sind doch alle Idioten! „Hören Sie mal", wendet er sich beschwörend an Bollmann, „wissen Sie, was denen fehlt?"
„—?—"
„Dann will ich es Ihnen verraten: Denen fehlt genau 'ne anständige Ducht unterm Hintern und 'ne Schot zwischen den Pfoten. Einmal nur sollten die Brüder bei

89

sechs Windstärken durchs Kattegat geprügelt werden. Dann würden sie wissen, wo Bartel den Most holt. Das würden ganz andere Menschen werden. Die wären hinterher nicht wiederzuerkennen."

„Ach", sagt Frau Bollmann und sieht erschrocken auf die Uhr, „es ist ja schon nach elf! Nun haben wir Sie aber lange genug aufgehalten. Komm, Karl, jetzt müssen wir wirklich gehen."

Herr und Frau Bollmann erheben sich eilig, um Gustaf keine Gelegenheit zu geben, seine ketzerischen Gedanken weiterzuspinnen.

Als die Korridortür sich hinter ihnen schließt, fängt Frieda an zu weinen. „Wieso denn das?" will Gustaf wissen, aber Frieda ist zu traurig, um darauf zu antworten. Schluchzend trägt sie die Gläser und Teller in die Küche, während Gustaf sich hinter seiner Zeitung im Sessel verschanzt.

Die Berlin-Frage auf der ersten Seite überfliegt er nur kurz. Dafür ist es jetzt doch zu spät; Bollmanns sind ja fort. Aber da, auf der dritten Seite erregt eine fette Balkenüberschrift seine Aufmerksamkeit:

Drei Tage und Nächte im Schlauchboot

auf der Ostsee

– Leidensfahrt eines Ausreißers –

Über Gustafs Zeitungsrand quillt der Rauch in blauen Wolken gegen die Decke. Er hat Bollmanns längst vergessen. In der Küche klappert Geschirr. Ab und an ist ein leises Schniefen zu hören, wenn Frieda sich die Nase putzt.

Stille Nacht

Weihnachten steht vor der Tür. Weihnachten, der Quell ungetrübter Freude für die Familie, der Alpdruck finanziell auf Monate hinaus ruinierter Väter — für die Segler aber der traurige Anlaß, sich ihrer frierenden Schiffe zu erinnern, ohne ihnen von der Fülle des Festes etwas abgeben zu können. Ja, wenn man am Heiligen Abend zur SINDBAD hinauswandern könnte, mit einem kleinen Lichterbaum versehen und etwas Lametta, um den treuesten aller Gesellen ein wenig zu schmücken und so teilhaben zu lassen an dem Glanz des Festes der Nächstenliebe! Aber das wagt Gustaf seinen Lieben zu Haus denn doch nicht anzutun. Schon der Gedanke daran ist strafbar. Ganz zu schweigen von der Unmöglichkeit, sich ausgerechnet für diesen Tag ein Alibi zu beschaffen.
Gustaf schüttelt den Kopf. In seinem Gewissen rumort es heftig. Wie soll er es bloß anfangen? Aber da huscht plötzlich ein glückliches Lächeln über seine Züge, seiner Brust entweicht ein Seufzer des Aufatmens, und seine nachdenklich gerunzelte Stirn glättet sich im Handumdrehn: Er hat d i e Idee des Jahrhunderts! Geboren in einem Augenblick innerer Erleuchtung und in ihrer Einfachheit die Lösung aller seiner seelischen Konflikte.
Am Dienstag vor Weihnachten — es ist Gustafs von der Familie seit Jahren zwar mißbilligter, aber dennoch schweigend geduldeter monatlicher Kegelabend — sieht man ihn, weitab von Kegelbahn und Kegelbrüdern, sonderbar bepackt die Linie 6 besteigen, was auch ohne genauere Kenntnis seiner Absicht hinreichend den Verdacht begründet, er wandle auf verbotenen Wegen. Er hat einen mächtigen Rucksack umgeschnallt und stellt sich vorn bei dem Fahrer hin. Erstens stört dort seine Traglast nicht, und zweitens ist es da so schön dunkel, was sehr wichtig ist, denn niemand soll ihn von außen in der Bahn erkennen.

Am Lagerplatz angekommen, stapft er durch Pfützen und knöcheltiefe Matschlöcher auf die SINDBAD zu. Er geht aus alter Gewohnheit einmal um sein Schiff herum und prüft, ob sich keine Stütze verschoben und keine Zurring gelöst hat. Dann holt er die Leiter aus dem Schuppen, öffnet seinen Rucksack und entnimmt diesem ein Paar obenauf verstaute Bootsschuhe und ein neues Feudeltuch. Den Feudel breitet er sorgsam vor der Leiter auf dem Erdboden aus. Dann zieht er seine Straßenschuhe aus, stellt sich in Socken auf den Feudel und streift die Bootsschuhe über, um so — ohne ein Krümchen Dreck an Bord zu tragen — die Leiter emporzuklimmen. Sorgsamer geht es nicht und pedantischer wohl auch nicht. Aber Gustaf ist nun einmal so.

Oben angekommen, lüftet er die Plane etwas an — gerade so weit, daß er durch den Spalt in das Innere des Bootes schlüpfen kann.
Ein süßlicher, beizender Mief schlägt ihm entgegen. Ach ja — er hat im Herbst die Bilge etwas reichlich mit Xylamon eingepinselt. Aber Gustaf nimmt an diesem Geruch, der einen in diesem Milieu fremden Menschen glattweg umgebracht hätte, keinen Anstoß. Es riecht für ihn wie Hafen, Tang, Teer und See zusammen und vereinigt so — wie er meint — alle Wohlgerüche der Seefahrt auf engstem Raum.
In der Kajüte reißt er ein Streichholz an und entzündet damit einen bereitliegenden Kerzenstummel. Traurig sieht die SINDBAD von innen aus, traurig, kalt und leer; und Gustaf kommt sich vor wie Jonas im Bauch des Walfisches. Aber das soll schnell anders werden. Gustaf steckt erst mal die kardanisch aufgehängte Messelampe an, die alsbald in mildem, gelbem Schein erstrahlt, wobei ihr Petroleumduft sich auf innige Weise mit dem Xylamon-Odeur verbindet. Jetzt sieht die Welt schon freundlicher aus! Gustaf nimmt den Rucksack auf die Knie und packt aus.
Mein Gott, was kommt da zum Vorschein: Eine blaue Zuckertüte, eine Buddel Exportbier, eine Zwiebel, zwei dicke, graue Schamottsteine, eine Scheibe rohes Fleisch, ein Päckchen, aus dem an einer Ecke blitzendes Messing herausschaut, Gustafs Schifferklavier, ein Viertelpfund Butter, eine Rumflasche. Und als Krönung des Ganzen: Ein in Zellwolle bruchsicher verpacktes Tannenbäumchen, mit

vier winzigkleinen Kerzen bestückt — durch einige Tupfen Engelshaar und ein paar Strähnen Lametta verschönt. Gustaf steckt — bedächtig wie sich das gehört — zuerst einmal den Primuskocher an. Dann legt er die beiden mitgebrachten Schamottsteine auf den glasig-blauen Kern der rauschenden Flamme und wartet die wärmende Wirkung dieses praktischen Miniaturofens ab. Während er aus seiner Pfeife mächtige Wolken in die Luft stößt, entfaltet er emsige Betriebsamkeit. Er nimmt das Stück Fleisch, legt es auf ein über den Tisch gebreitetes Zeitungsblatt, grabbelt sich aus der linken Kombüsenecke eine leere Bierflasche und schlägt mit dieser auf das blutige Steak ein, bis es doppelt so groß, halb so dick und schön mürbe ist. Dann packt er die inzwischen heiß gewordenen Schamottsteine auf den Fußboden und stellt eine Bratpfanne auf den Kocher. Er bräunt die Butter an, legt das Steak hinein und beginnt, die Zwiebel in Streifen zu schneiden. Als alles fertig ist, deckt er ein weißes Tischtuch auf und serviert sich sein opulentes Festmahl, das er alsdann mit Behagen verzehrt, wobei er sich mit dem Exportbier genüßlich die Kehle spült. Während er futtert, summt der Wasserkessel auf dem Primus. Dann backt er das Geschirr ab, klart mit kundigen und festen Griffen die Rückstände seines Liebesmahles auf und entkorkt die Rumbuddel. Bisher hat er kein einziges Wort gesprochen, aber man sieht seinem Gesicht auch ohne Reden an, daß er restlos zufrieden ist. Er gießt eine riesige Steingutmugge zu einem Drittel voll Rum,

füllt siedend heißes Wasser nach, tut etwas Zucker hinzu und schlürft mit geschlossenen Augen den ersten Probeschluck. Gut ist das — ja, und heiß läuft es einem über die Seele. Die Schamottsteine packt er wieder auf den Primus, dann zündet er das Weihnachtsbäumchen an, lehnt sich zurück und greift zur Quetschorgel.

„Stille Nacht" spielt er noch leise und verhalten, teils, weil die Finger etwas klamm sind, teils, weil der „innere" Mensch noch nicht die nötigen Kalorien aufgenommen hat, um lautere Töne ertragen zu können. Aber das „Oh, du fröhliche . . ." klingt schon voller, und die Phonzahl wächst im gleichen Maße, wie der Pegelstand des Grogs sinkt.

Nach dem zweiten Grog summt er „Vom Himmel hoch . . ." schon mit. Aber erst bei der dritten Auflage entringt sich seinem Busen ein dröhnender Baß, mit dem er „Es ist ein Ros entsprungen . . ." in die feierliche Stille des Walfischbauches schmettert. Ja — d a s ist Weihnachten, wie es sein muß.

Der vierte Grog bildet den Auftakt zu einem höchst feierlichen Zeremoniell: Gustaf entnimmt seiner Brieftasche eine Fotografie, die SINDBAD unter *full sails* bei Tonne „E" in ihrer vollsten Prachtentfaltung zeigt. Er betrachtet das Bild lange und eingehend. Dann holt er Luft, nachdem er sich durch diese Meditation in die richtige Stimmung versetzt hat, blinzelt nachdenklich in den Lichtschein der Weihnachtskerzen und hebt an, seinem Freund SINDBAD in gepflegtestem Küsten-Missingsch eine Rede zu halten:

93

„Meine liebe gute Sindbad! Ischa 'n büschen sonderbah, was ich hier tu. Aber ich tu es aus ehrlichen Häzen. Worum soll es dich slechter gehn as de Frunslüd un Kinners. Ein neues Deck kann ich dich leider nich schenken, aber ein auf deine Gesundheit trinken, dat kann ick. Proost!
Und ick dank di ok, dat du mi in all de Johrn jümmers heil na Hus bröcht hest. Na, denn wünsch ick di ‚Fröhlige Weihnachten'. Und langweil di man nich übers Fest — vor Sylvester komm ick noch mal raus un snack mit di 'n beten.
Un mitbröcht heff ick di ok wat, hier, kiek mal..."
Und er wickelt vorsichtig aus dem Seidenpapier einen blitzenden Messingbeschlag, den er nun vor sich auf den Tisch stellt, zwischen Bäumchen und Rumbuddel. Er dreht den Beschlag hin und her und freut sich über die spiegelnden Reflexe der bren-

nenden Lichter auf der polierten Fläche. Dann trinkt er den fünften Grog. Die Quetschorgel spielt jetzt von selbst, so daß er sich voll auf den Gesang konzentrieren kann. Erst noch einmal etwas Weihnachtliches, aber „Ihr Kinderlein kommet..." klingt in der zweiten Strophe schon verdeubelt wie ein Shanty und ist wohl auch nur als Überleitung zum inoffiziellen Teil gedacht. Gustaf ist inzwischen warm geworden.

Ein weiterer, sechster, Grog bildet die Einleitungsouvertüre zu: „Wir Fahrensleute lieben die See...", dann kommen die traurigen Lieder an die Reihe und nach dem siebten Grog die ganz traurigen. „Der alte Seemann, der nachts nicht schlafen kann..." macht den Anfang, aber Klaus Prigges „Sitt de Seelüd obends mol so bi Grog un Beer..." bringt ihn erst richtig in Hochform. Bei dem überaus traurigen Text der letzten Strophe (und dem achten Grog) bricht seine Stimme fast. „Un ehr du di dat versehn, is dien Tied to Enn. Un de letzte Reis' de kummt, dor na bob'n hen..." klingt es noch aus seiner gequälten Brust, dann holt er ein buntkariertes Taschentuch heraus und schnaubt sich geräuschvoll die Nase.

Da es ihm zu mühsam ist, dauernd seinen Heißwasservorrat zu ergänzen, trinkt er den Rum jetzt pur.

Ein warmes Glücksgefühl durchströmt ihn, und in einer nicht zu unterdrückenden zärtlichen Anwandlung streichelt er SINDBADS Tischplatte mit seinen großen, rauhen Pranken.

Jetzt treten ihm sogar ein paar Schweißperlen auf die Stirn, und er braucht erneut

sein kariertes Taschentuch. Es soll nicht verschwiegen werden, daß er bei dieser Gelegenheit mit dem Tuch verstohlen auch über seine Augen wischt, obgleich die doch gar nicht schwitzen können. Er nimmt das Bild seiner SINDBAD in die Hand und hält es dicht an die Lampe, um alle Kleinigkeiten genau erkennen zu können. Doch — woran es liegt, weiß er selbst nicht — es sieht alles so verschwommen aus, und die Konturen des feinen Filigranwerks der Takelage erscheinen ihm, als ob sie doppelt gezeichnet wären.

Er lehnt sich weit zurück und schließt die Augen. Mein Gott — der Kahn fängt doch nicht etwa an, mit ihm loszusegeln? Aber das Schlingern nimmt zu und steigert sich zu einer gewaltigen, schwungvollen, kreisenden Bewegung. Gustaf streckt sich auf dem Polster seiner Koje aus. Ihm ist mit einmal, als ob die Kajüte kein Dach mehr hat. Und er kann direkt in das schwarze Weltenall sehen, dessen blinkende Sterne als kometenhaft leuchtende, feurige Streifen elliptische Kurven in die Himmelskuppel gravieren. Während SINDBAD mit rauschendem Bug haushohe Seenberge erklimmt und hinter ihrem Kamm sausend zu Tal fährt, schläft er ein, eingewiegt von den trunkenen Vorstellungen einer gigantischen Meerfahrt. Durch das offene Dach der Kajüte aber blickt ihn vom Zenit herab ein großes, prüfendes Auge an, zwinkert ein-, zweimal gönnerhaft und schließt sich dann beruhigt, während sich in den Augenwinkeln ein paar vergnügte Krähenfüße bilden. Gustaf hat Gnade gefunden vor dem Herrn und Meister aller Fahrensleute.

95

Vom Autor
Wolfgang J. Krauss
erschienen bisher folgende

GUSTAF

Bücher:

Die sonderbare Welt
des Seglers Gustaf

Freud und Leid
des Seglers Gustaf

Neue Geschichten
vom Segler Gustaf

Gustaf – Szenen
aus dem Seglerleben

Gustaf – von Seglern
und Menschen

Segler Gustafs
heile Welt

Gustaf –...und Schiller
war doch ein Segler

Jeder Band 96-100
Seiten mit zahlreichen
Illustrationen; insgesamt
über 30 Auflagen

DELIUS KLASING, BIELEFELD

Zu beziehen über Ihre Buchhandlung